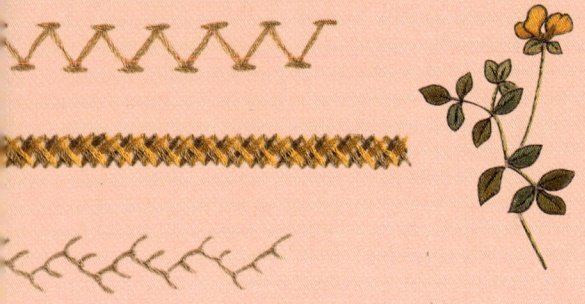

수백 가지 자수 기법 활용 교과서

자수 스티치
220

이 책의 한국어판 저작권은 보통에이전시를 통한 저작권자와의 독점 계약으로 싸이프레스가 소유합니다.
신 저작권법에 의하여 한국 내에서 보호를 받는 저작물이므로 무단전재와 무단복제를 금합니다.

SHIHU NO SAMPLER STITCH 220+ by Kazue Sakurai, Yuko Sakurai(NV70108)
Copyright © Kazue Sakurai, Yuko Sakurai / NIHON VOGUE-SHA 2011
All rights reserved.
First published in Japan in 2011 by Nihon Vogue Co., Ltd.
Photographer: Shunji Nakamura, Toshitetsu Hashimoto, Yuki Morimura

This Korean edition is published by arrangement with Nihon Vogue Co., Ltd, Tokyo
in care of Tuttle-Mori Agency, Inc., Tokyo through Botong Agency, Seoul.

이 책의 한국어판 저작권은 보통에이전시를 통한 저작권자와의 독점 계약으로 싸이프레스가 소유합니다.
신 저작권법에 의하여 한국 내에서 보호를 받는 저작물이므로 무단전재와 무단복제를 금합니다.

×× 수백 가지 자수 기법 활용 교과서 ××

자수 스티치 220

사쿠라이 가즈에, 사쿠라이 유코 지음
김현영 옮김 | 헬렌정(최수정) 감수

Small letters

Astragalus sinicus

Trifolium pratense

Aquilegia buergeriana

Duchesnea indica

Lotus corniculatus

Calystegia soldanella

Rubia cordifolia

Parnassia palustris

Dianthus barbatus

Raphanus sativus

Oxalis corymbosa

Cimicifuga japonica

Capital letters

PROLOGUE

우리는 수백 종에 달하는 자수 기법을 되도록 간결하게 분류하고 정리해서
한 권의 책으로 만들고 싶었어요. 그래서 샘플화시키는 작업을 시작했지요.
그 결과 '스티치 북'이라는 새로운 형태의 작품이 탄생되었습니다.
더불어 이 스티치 북에 자수 기법에 관한 해설을 곁들인 것이
바로《자수 스티치 220》입니다.
우리는 이 책이 당신이 수를 놓을 때 알아두어야 할 거의 모든 기법을 이해하는 데
도움이 되었으면 해요. 더불어 여러분이 직접 수를 놓아 자기만의 스티치 모음집을
완성해 보셨으면 합니다. 그렇다고 220가지의 기법을 모두 외울 필요는 없어요.
220가지의 기법을 따라하다 보면 각각의 기법이 주는 느낌이나 법칙 등이 눈에 들어올 거예요.
예컨대 가는 선, 굵은 선, 더 굵은 선, 구불구불한 선, 울퉁불퉁한 선, 강한 선, 약한 선 등
실제로 수를 놓아 보면 여러 가지 것들을 발견하게 되지요.
그렇게 하나씩 알아가는 동안 나만의 리스트가 완성됩니다.
부디 이 책이 그런 과정에 도움이 되었으면 합니다.

※ 책 말미에 야생화와 알파벳 자수 도안을 첨가해 보았어요. 액자로 만들거나 테이블클로스,
  쿠션 등에 응용하는 등 자수와 함께 하는 즐거운 삶을 누리시길 바랍니다.

CONTENTS

아름다운 야생화와 알파벳 자수 도안

알파벳 SMALL LETTERS • 8·9

자운영 ASTRAGALUS SINICUS • 10

붉은토끼풀 TRIFOLIUM PRATENSE • 11

매발톱꽃 AQUILEGIA BUERGERIANA • 12

뱀딸기 DUCHESNEA INDICA • 13

벌노랑이 LOTUS CORNICULATUS • 13

갯메꽃 CALYSTEGIA SOLDANELLA • 14

갈퀴꼭두서니 RUBIA CORDIFOLIA • 14

물매화 PARNASSIA PALUSTRIS • 15

수염패랭이꽃 DIANTHUS BARBATUS • 16

갯무 RAPHANUS SATIVUS • 17

자주괭이밥 OXALIS CORYMBOSA • 18

왜승마 CIMICIFUGA JAPONICA • 19

알파벳 CAPITAL LETTERS • 20·21

• 스티치 활용 작품 • 84

• 자수를 시작하기 전에 알아 두세요. • 85

• 수를 놓는 방법과 도안 • 86~99

자수 스티치 220

스티치 목차 • 22·23

실전 스티치 220 • 24~83

아름다운 **야생화와**
알파벳 자수 도안

들판이나 해변에 나가 보셨나요?
수많은 꽃들이 계절마다 작은 꽃을 피우고 열매를 맺습니다.
우리 주변에서 무심히 피고 지는 그런 들꽃들을 스케치하여 도안으로 만들었어요.
온화한 빛깔의 조화가 마음을 따뜻하게, 삶을 아름답게 해줄 것입니다.

알파벳
SMALL LETTERS

HOW TO MAKE **p.86·87**

자운영
ASTRAGALUS SINICUS

장미목 콩과에 속하는 두해살이풀이에요. 4월~6월경에 홍자색의 꽃을 피우는데
이 꽃에서 양질의 꿀을 채취할 수 있어요. 예전에는 풋거름으로도 많이 쓰였지요.

HOW TO MAKE p.88

붉은토끼풀
TRIFOLIUM PRATENSE

유럽이 원산지인 여러해살이풀이에요. 주로 목초로 재배했는데 번져나가 야생화가 되었어요.
꽃은 공 모양으로 뭉쳐서 피며, 3개로 갈라진 잎에는 쐐기 모양의 흰 무늬가 있답니다.

HOW TO MAKE **p.89**

매발톱꽃
AQUILEGIA BUERGERIANA

여러해살이풀로 산골짜기 양지바른 곳에서 자라요.
꽃잎 뒤쪽의 꿀주머니가 매의 발톱처럼 안으로 굽은 모양이어서 매발톱꽃이라고 부르지요.

HOW TO MAKE p.90

뱀딸기
DUCHESNEA INDICA

장미과의 여러해살이풀이에요. 줄기는 땅을 기듯이 자라고, 4월~6월경에 노란색의 작은 꽃을 피우지요.
딸기를 닮은 붉은 열매는 먹을 수 있으며 약용으로도 쓰인답니다.

HOW TO MAKE **p.91**

벌노랑이
LOTUS CORNICULATUS

콩과의 여러해살이풀이에요. 봄에 피는 꽃은 나비를 닮았고, 색은 선명한 노란색이지요.
꽃이 지고 나면 강낭콩을 닮은 작은 꼬투리가 생겨요.

HOW TO MAKE **p.91**

갯메꽃
CALYSTEGIA SOLDANELLA

바닷가 모래땅에 군생하는 덩굴성 여러해살이풀로 중부지방 이남에서 흔하게 볼 수 있어요.
나팔꽃을 닮은 연한 분홍색의 꽃은 해가 뜨면 입을 벌리고, 해가 지면 입을 다물지요.

HOW TO MAKE p.92

갈퀴꼭두서니
RUBIA CORDIFOLIA

여러해살이 덩굴풀이에요. 잎은 하트 모양이며 줄기의 단면은 사각형이지요.
붉은색의 뿌리는 예부터 염료로 사용해 왔어요.

HOW TO MAKE p.92

물매화

PARNASSIA PALUSTRIS

산지의 볕이 잘 드는 습지에서 자라요. 8월~10월경에 지름 1~2cm의 하얀 꽃을 피우지요.
꽃가루가 없는 헛수술 끝에는 여러 갈래의 가지가 돋아 있고, 그 끝은 노란색의 구슬 모양을 띕니다.

HOW TO MAKE p.93

수염패랭이꽃
DIANTHUS BARBATUS

패랭이꽃은 전 세계적으로 약 300종에 달해요. 그 중에서도 수염패랭이꽃은 6월~8월경에 5개의 꽃받침을 지닌 작은 꽃이 무리를 지어 피어나고, 꽃잎 끝에는 톱니가 있어요.

HOW TO MAKE **p.94**

갯무
RAPHANUS SATIVUS

채소인 무가 번져나가 야생화가 되었어요. 이름 그대로 주로 바닷가에서 자생하지요.
4월~6월경에 주걱을 닮은, 연한 자줏빛이 어린 하얀 꽃을 피운답니다.

HOW TO MAKE p.95

자주괭이밥
OXALIS CORYMBOSA

남아메리카가 원산인 귀화식물이에요. 우리나라 전역에 분포하고, 주로 밭둑이나 길가에서 자라요.
자줏빛이 어린 분홍색 꽃과 하트 모양의 잎이 사랑스럽답니다.

HOW TO MAKE **p.96**

Oxalis corymbosa

왜승마
CIMICIFUGA JAPONICA

산지의 물가나 숲 속에서 자라는 여러해살이풀이에요.
꽃이 피면서 꽃잎 모양의 꽃받침이 금세 떨어지기 때문에 남아 있는 수술이 하얀 꽃처럼 보이지요.

HOW TO MAKE p.97

알파벳
CAPITAL LETTERS

HOW TO MAKE **p.98·99**

CONTENTS 실전 스티치 220

P.24·25
1. 러닝 스티치
2. 휘프드 러닝 스티치
3. 스레디드 러닝 스티치
4. 2줄 스레디드 러닝 스티치
5. 2줄 스레디드 러닝 스티치의 응용
6. 홀바인 스티치
7. 지그재그 모양의 홀바인 스티치
8. 요철(凹凸) 모양의 홀바인 스티치

P.26·27
9. 백 스티치
10. 페키니즈 스티치
11. 페키니즈 스티치의 응용
12. 지그재그 스티치
13. 펀 스티치
14. 플라이 스티치
15. 아우트라인 스티치
16. 많이 겹친 아우트라인 스티치

P.28·29
17. 스플릿 스티치
18. 체인 스티치
19. 백 스티치드 체인 스티치
20. 체커드 체인 스티치
21. 케이블 체인 스티치
22. 트위스티드 체인 스티치
23. 오픈 체인 스티치
24. 지그재그 체인 스티치

P.30·31
25. 싱글 페더 스티치
26. 페더 스티치
27. 더블 페더 스티치
28. 더블 페더 스티치의 응용
29. 페더 체인 스티치
30. 스트레이트 페더 스티치
31. 페더 스티치의 응용
32. 페더 스티치의 응용

P.32·33
33. 클로즈드 페더 스티치
34. 오픈 크레탄 스티치
35. 셰브런 스티치 A
36. 셰브런 스티치 B
37. 휘프드 아우트라인 스티치
38. 휘프드 체인 스티치
39. 카우칭 스티치
40. 지그재그 모양의 카우칭 스티치

P.34·35
41. 클로즈드 헤링본 스티치
42. 반다이크 스티치
43. 바스켓 스티치
44. 피쉬본 스티치
45. 헤링본 스티치
46. 헤링본 스티치의 응용 A
47. 헤링본 스티치의 응용 B
48. 헤링본 스티치의 응용 C

P.36·37
49. 프렌치 노트 스티치
50. 저먼 노트 스티치
51. 블리온 스티치
52. 포레그드 노트 스티치
53. 도트 스티치
54. 코럴 스티치
55. 포르투갈 노트 아우트라인 스티치
56. 마크라메 스티치

P.38·39
57. 새틴 스티치
58. 클로즈드 크레탄 스티치
59. 레이즈드 피쉬본 스티치
60. 리프 스티치
61. 서피스 새틴 스티치
62. 패디드 새틴 스티치

P.40·41
63. 피쉬본 스티치
64. 오픈 피쉬본 스티치
65. 레이지 데이지 스티치
66. 롱 앤드 쇼트 스티치
67. 스트레이트 스티치
68. 레이지 데이지 스티치의 응용

P.42·43 필링 스티치
69. 클라우드 필링 스티치
70. 카우치드 트렐리스 스티치
71. 카우치드 트렐리스 스티치
72. 트위스티드 래티스 필링 스티치
73. 바스켓 필링 스티치
74. 위빙 스티치
75. 어민 필링 스티치
76. 오픈 버튼홀 필링 스티치

p.44·45 필링 스티치
77. 버튼홀 필링 스티치
78. 시프 필링 스티치
79. 버튼홀 필링 스티치의 응용
80. 카우치드 트렐리스 스티치의 응용 A
81. 바스켓 필링 스티치의 응용 A
82. 카우치드 트렐리스 스티치의 응용 B
83. 바스켓 필링 스티치의 응용 B
84. 루마니안 카우칭 스티치

P.46·47 레이스 필링 스티치
85. 실론 스티치
86. 필레 필링 스티치
87. 노티드 버튼홀 스티치
88. 필링 레이스 스티치
89. 오픈 버튼홀 필링 스티치
90. 오픈 버튼홀 필링 스티치의 응용
91. 노티드 버튼홀과 오픈 버튼홀 스티치

P.48·49 레이스 필링 스티치
92. 새틴 스티치의 응용 A
93. 롱 앤드 쇼트 스티치의 응용
94. 루마니안 스티치
95. 새틴 스티치의 응용 B
96. 홀바인 스티치의 응용
97. 새틴 스티치의 응용 C
98. 새틴 스티치의 응용 D
99. 새틴 스티치의 응용 E
100. 리버스 패고트 스티치
101. 별 모양 새틴 스티치 A
102. 별 모양 새틴 스티치 B

P.50·51 아시시 자수
103. 크로스 스티치
104. 홀바인 스티치

P.52·53 캔버스 자수
105. 프티 포인트
106. 고블랭 스티치
107. 세로로 뜨는 고블랭 스티치
108. 싱글 패고트 스티치
109. 케림 스티치 A
110. 케림 스티치 B
111. 웨이브 스티치
112. 더블 크로스 스티치
113. 트위스트 스티치
114. 서리 스티치
115. 스미르나 스티치
116. 라이스 스티치

P.54·55 아플리케

117 수직 감침질
118 체인 스티치
119 카우칭 스티치
120 클로즈드 헤링본 스티치
121 버튼홀 스티치
122 아웃라인 스티치
123 휘갑치기로 잇기
124 얇은 천의 섬세한 느낌을 살리고 싶을 때……

P.56·57 가장자리 장식 스티치

125 버튼홀 스티치
126 버튼홀 스티치의 응용 A
127 버튼홀 스티치의 응용 B
128 버튼홀 스티치의 응용 C
129 버튼홀 스티치의 응용 D
130 헤링본 스티치(새발뜨기)
131 말아서 휘갑치기
132 말아서 휘갑치기의 응용
133 버튼홀 스티치의 응용 E
134 버튼홀 스티치의 응용 F
135 버튼홀 스티치의 응용 G

P.58·59 패고팅 스티치

136 버튼홀 스티치
137 레이즈드 인서션 스티치
138 노티드 인서션 스티치
139 오버캐스트 인서션 스티치
140 이탈리안 인서션 스티치
141 이탈리안 인서션 스티치의 응용
142 버튼홀 스티치의 응용

P.60·61 컷 워크

143 작은 아일릿 홀
144 아일릿 홀
145 버튼홀 스티치 아일릿 워크
146 버튼홀 스티치
147 테일러드 버튼홀 스티치
148 스트레이트 오버캐스트 스티치
149 불리온 피코 스티치
150 우븐 피코 스티치

P.62·63 컷 워크

151 테일러드 버튼홀 스티치
152 바 A · B

P.64·65 드론워크

153 포사이디드 스티치

154 포 사이드 스티치 에징
155 포사이디드 스티치
156 싱글 트위스트 스티치
157 싱글 페더 스티치
158 서펜타인 헴 스티치
159 레더 헴 스티치
160 싱글 헴 스티치
161 새틴 스티치

P.66·67 드론워크

162 스파이더 웹 스티치
163 스파이더 웹 스티치 · 매듭을 지으며 얽기
164 다닝 스티치 A
165 다닝 스티치 B
166 다닝 스티치 C
167 다닝 스티치 D
168 다닝 스티치 E
169 싱글 트위스트 스티치의 응용
170 모서리의 다닝 스티치

P.68·69 드론워크

171 칠보무늬 스티치 A
172 칠보무늬 스티치 B
173 격자무늬 스티치 A
174 격자무늬 스티치 B
175 포사이디드 스티치
176 격자무늬 스티치와 다닝 스티치
177 격자무늬 스티치와 다닝 스티치
178 격자무늬 스티치와 홀바인 스티치
179 격자무늬 스티치와 스파이더 웹 스티치
180 지그재그 스티치로 얽기

P.70·71 드론워크

181 격자무늬 스티치
182 다닝 스티치
183 포사이디드 스티치
184 지그재그 스티치
185 칠보무늬 스티치

P.72·73 아주르 자수

186 웨이브 스티치
187 그리스 크로스 필링 스티치
188 그리스 크로스 필링 스티치의 응용
189 체커 필링 스티치
190 포사이디드 스티치
191 포사이디드 스티치의 응용
192 스트레이트 오버캐스트 스티치
193 스타 스티치
194 쿠션 스티치

195 리버스 패고트 스티치
196 창문 무늬 스티치
197 창문 무늬 스티치의 응용

P.74·75 하덴거 자수

199 다닝 스티치
200 다닝 스티치와 칠보무늬 스티치 A
201 다닝 스티치와 칠보무늬 스티치 B
202 스파이더 웹 스티치
203 피코 스티치
204 다닝 스티치의 응용
205 올을 세우면서 진행하는 새틴 스티치
206 열십자 무늬 스티치
207 리버스 패고트 스티치
208 버튼홀 스티치

P.76·77 튈 자수

209 도안선을 따라 다닝 스티치를 해요.
210 한 코씩 진행하는 다닝 스티치
211 한 줄 건너뛰는, 다닝 스티치의 으용

P.78·79 패치워크

212 패치워크 A
213 패치워크 B

P.80·81 섀도 스티치

214 클로즈드 헤링본 스티치

P.82·83 스모킹

215 아웃라인 스티치
216 케이블 스티치
217 다이아몬드 스티치
218 다이아몬드 스티치의 응용
219 허니컴 스티치
220 웨이브 스티치
198 스트레이트 오버캐스트 스티치의 응용
　　(p.72~73 참고)

※자수 바늘은 '크로바 자수 바늘'을 사용했습니다.

BASIC STITCH
FRONT

1 러닝 스티치(running stitch)

2 휘프드 러닝 스티치(whipped running stitch)

3 스레디드 러닝 스티치(threaded running stitch)

4 2줄 스레디드 러닝 스티치

5 2줄 스레디드 러닝 스티치의 응용

6 홀바인 스티치(holbein stitch)

7 지그재그 모양의 홀바인 스티치

8 요철(凹凸) 모양의 홀바인 스티치

HOW TO STITCH
BACK

1. 겉과 안의 바늘땀 길이를 일정하게 뜨는 것이 기본이에요.

2. 감는 실의 종류와 굵기에 따라 느낌이 달라져서 수를 놓는 재미가 있지요.

3. 일정한 길이의 웨이브를 유지해 주세요.

4. 별도의 실을 어떻게 꿰느냐에 따라 여러 가지 느낌을 낼 수 있어요.

5. 실의 밀도를 일정하게 유지해 주세요.

6. 직선을 표현할 때는 먼저 해둔 러닝 스티치와 같은 구멍에서 바늘땀을 위에서 아래로 건지듯 진행하세요.

7. 겉과 안의 모양이 완전히 똑같답니다.

8. 일정한 간격으로 만들어 갑니다.

BASIC STITCH
FRONT

9 백 스티치(back stitch)

10 페키니즈 스티치(pekinese stitch)

11 페키니즈 스티치의 응용

12 지그재그 스티치(zigzag stitch)

13 펀 스티치(fern stitch)

14 플라이 스티치(fly stitch)

15 아웃트라인 스티치(outline stitch)

16 많이 겹친 아웃트라인 스티치

HOW TO STITCH
BACK

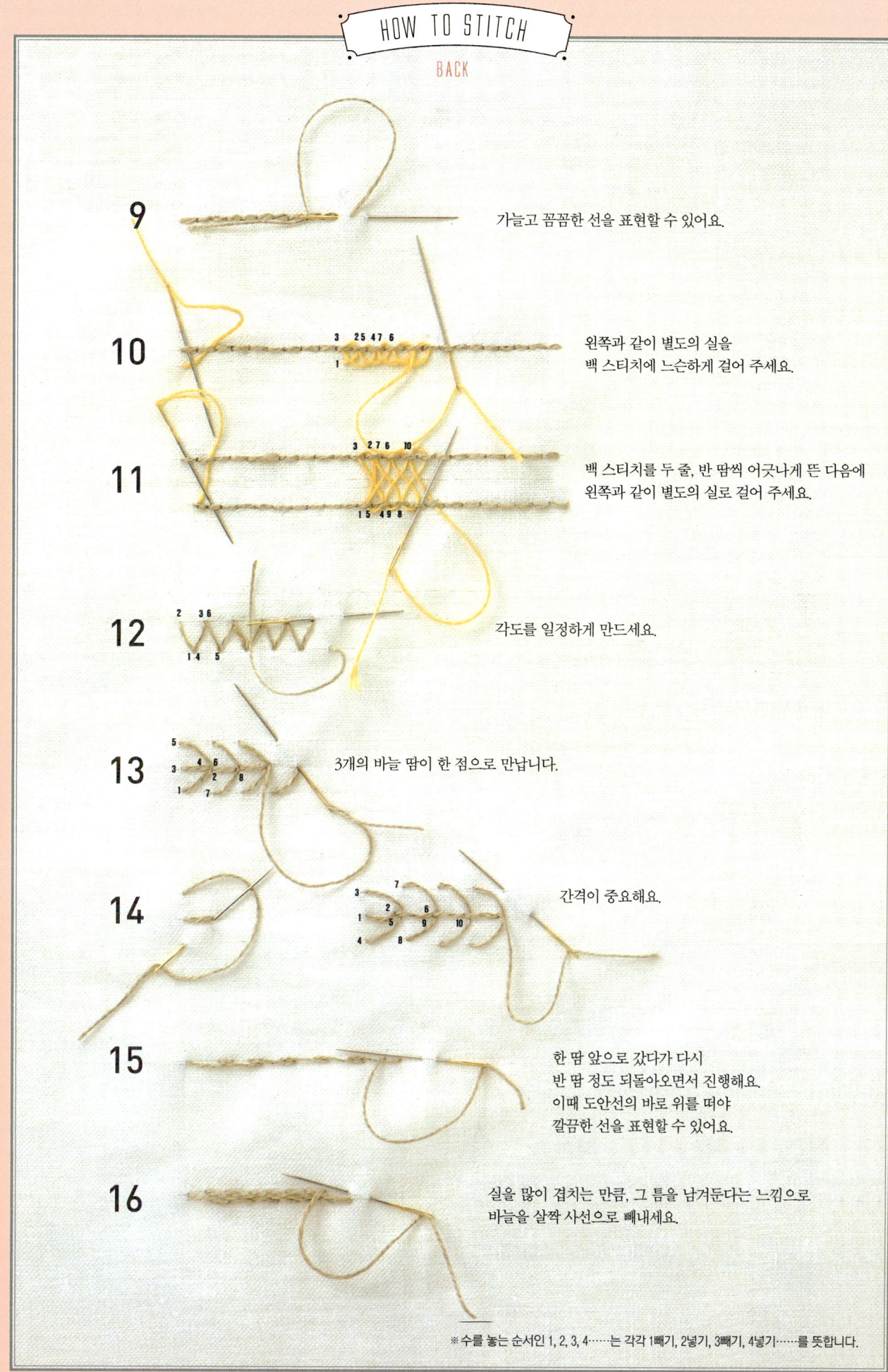

9 — 가늘고 꼼꼼한 선을 표현할 수 있어요.

10 — 왼쪽과 같이 별도의 실을 백 스티치에 느슨하게 걸어 주세요.

11 — 백 스티치를 두 줄, 반 땀씩 어긋나게 뜬 다음에 왼쪽과 같이 별도의 실로 걸어 주세요.

12 — 각도를 일정하게 만드세요.

13 — 3개의 바늘 땀이 한 점으로 만납니다.

14 — 간격이 중요해요.

15 — 한 땀 앞으로 갔다가 다시 반 땀 정도 되돌아오면서 진행해요. 이때 도안선의 바로 위를 떠야 깔끔한 선을 표현할 수 있어요.

16 — 실을 많이 겹치는 만큼, 그 틈을 남겨둔다는 느낌으로 바늘을 살짝 사선으로 빼내세요.

※ 수를 놓는 순서인 1, 2, 3, 4……는 각각 1빼기, 2넣기, 3빼기, 4넣기……를 뜻합니다.

BASIC STITCH
FRONT

17 스플릿 스티치(split stitch)

18 체인 스티치(chain stitch)

19 백 스티치드 체인 스티치(back stitched chain stitch)

20 체커드 체인 스티치(chequered chain stitch)

21 케이블 체인 스티치(cable chain stitch)

22 트위스티드 체인 스티치(twisted chain stitch)

23 오픈 체인 스티치(open chain stitch)

24 지그재그 체인 스티치(zigzag chain stitch)

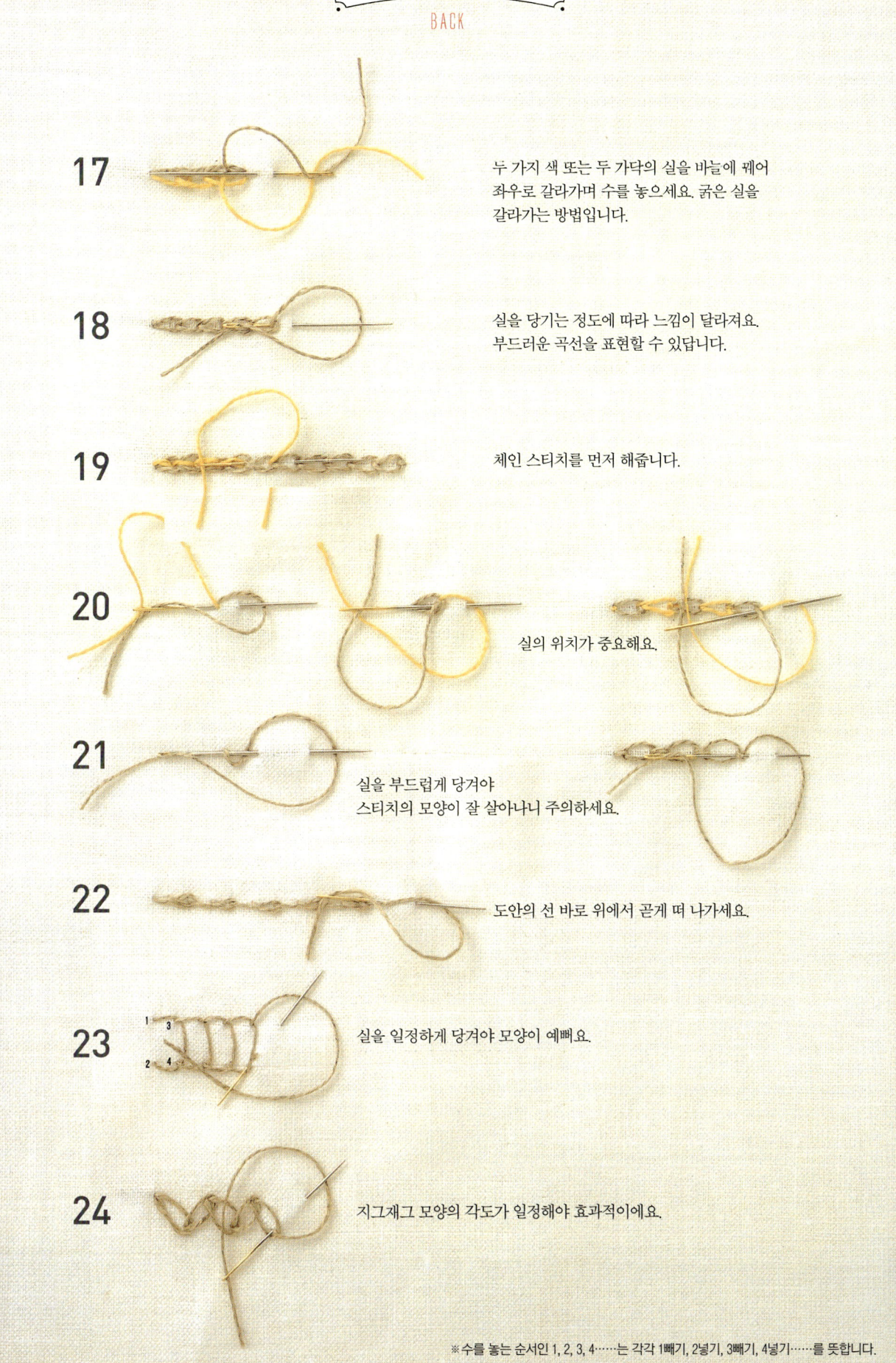

BASIC STITCH
FRONT

25 싱글 페더 스티치(single feather stitch)

26 페더 스티치(feather stitch)

27 더블 페더 스티치(double feather stitch)

28 더블 페더 스티치의 응용

29 페더 체인 스티치(feather chain stitch)

30 스트레이트 페더 스티치(straight feather stitch)

31 페더 스티치의 응용

32 페더 스티치의 응용

HOW TO STITCH
BACK

25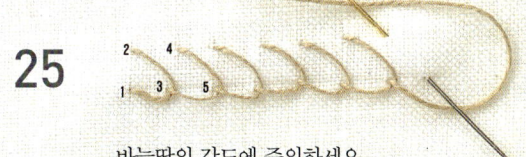
바늘땀의 각도에 주의하세요.

26
부드러운 느낌이 중요해요.

27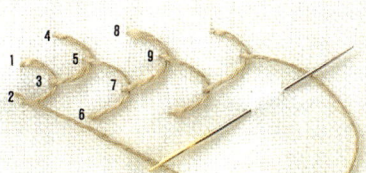
일정한 각도를 유지하세요.

28

29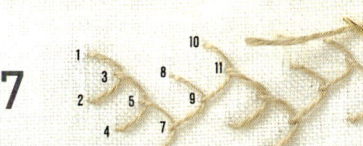

30
실을 천 위에 붙인다는 느낌으로 고정시켜 주세요.

31
중심선에서 바늘이 나오도록 페더 스티치를 진행하세요.

32
페더 스티치의 반복이 중요합니다.

일정한 간격의 반복이에요.

스티치의 모양이 잘 살아나도록 실을 당기는 힘에 주의하세요.

※ 수를 놓는 순서인 1, 2, 3, 4……는 각각 1빼기, 2넣기, 3빼기, 4넣기……를 뜻합니다.

BASIC STITCH
FRONT

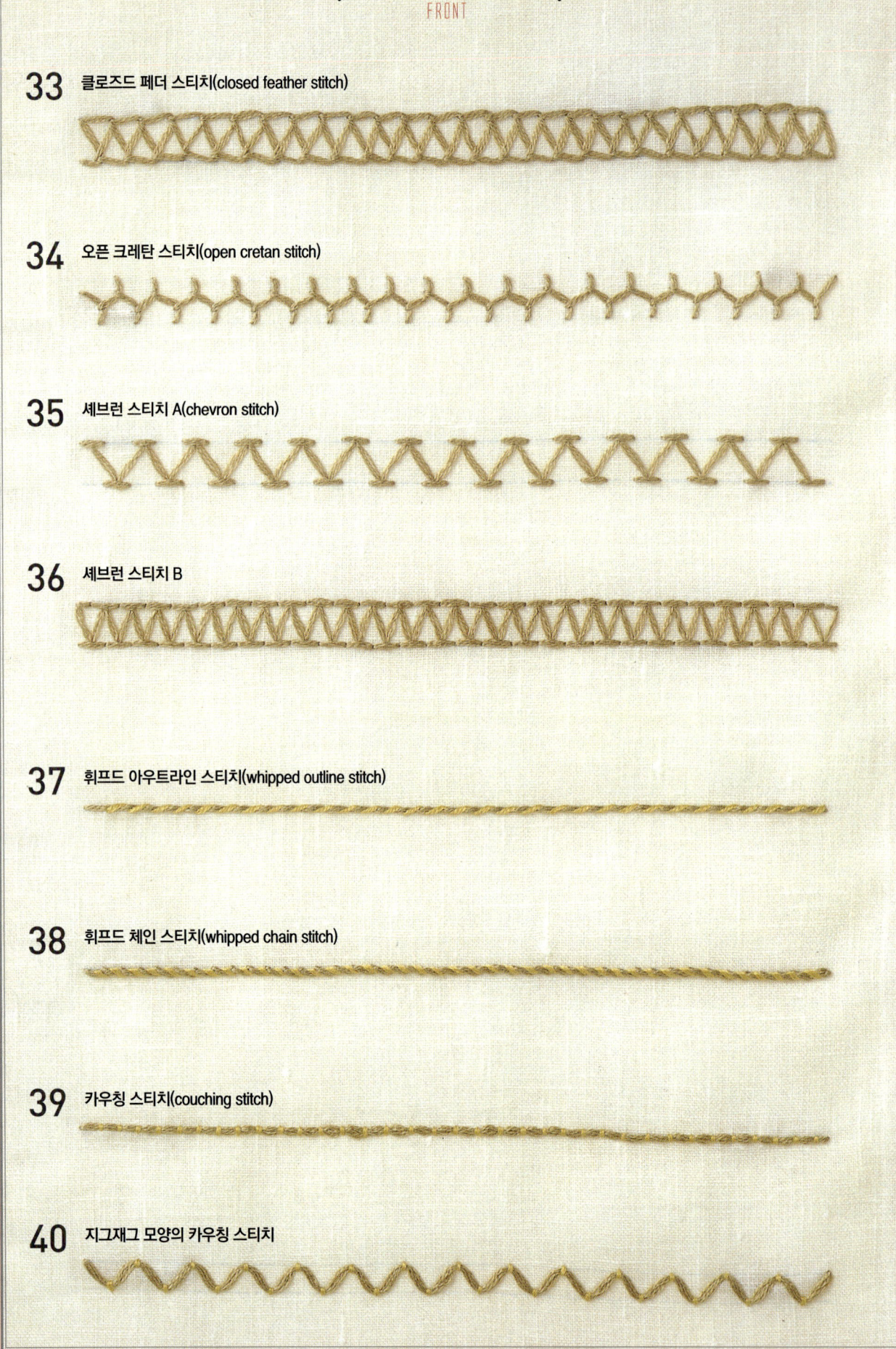

33 클로즈드 페더 스티치(closed feather stitch)

34 오픈 크레탄 스티치(open cretan stitch)

35 셰브런 스티치 A(chevron stitch)

36 셰브런 스티치 B

37 휘프드 아웃라인 스티치(whipped outline stitch)

38 휘프드 체인 스티치(whipped chain stitch)

39 카우칭 스티치(couching stitch)

40 지그재그 모양의 카우칭 스티치

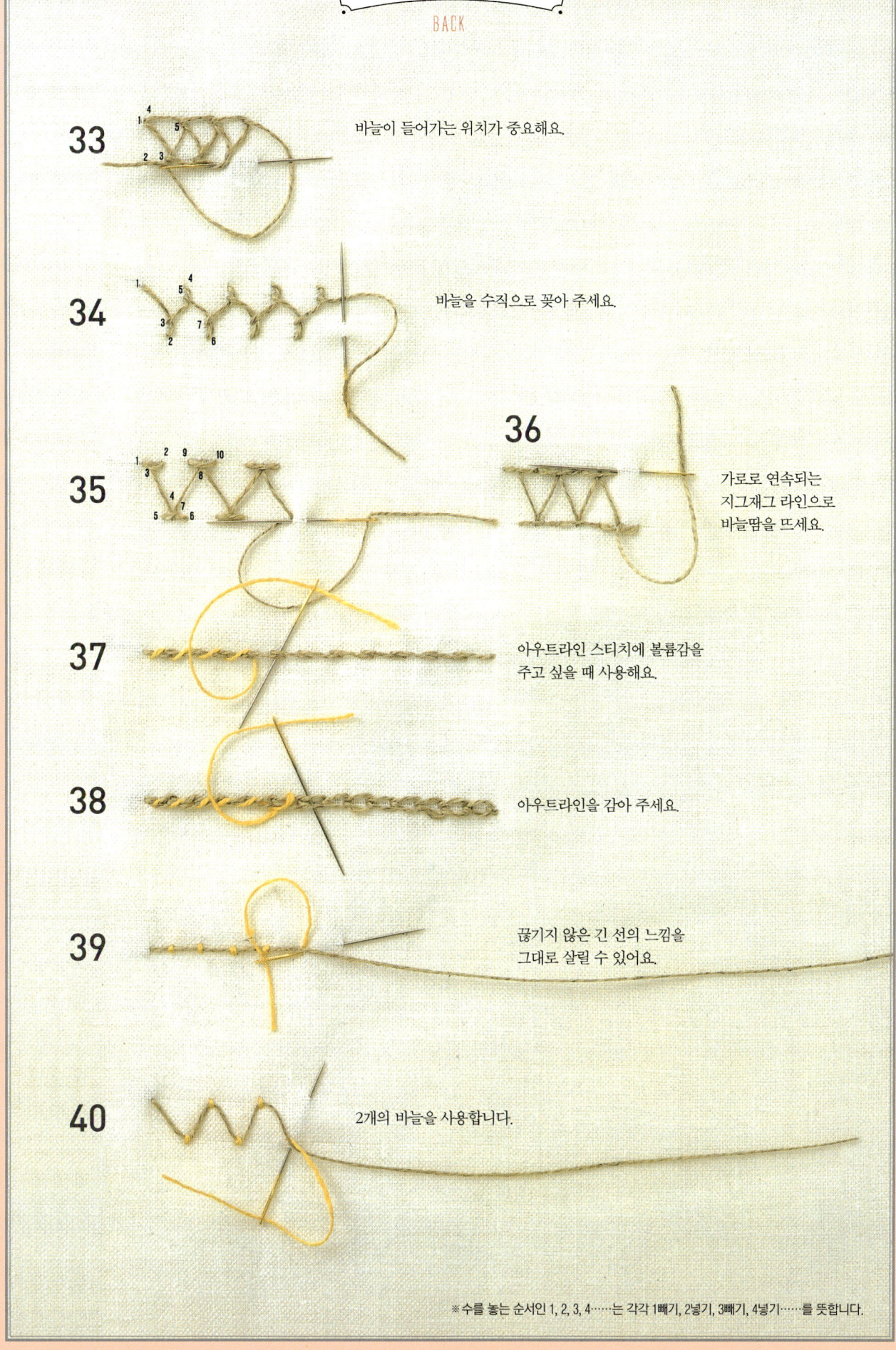

BASIC STITCH
FRONT

41 클로즈드 헤링본 스티치(closed herringbone stitch)

42 반다이크 스티치(vandyke stitch)

43 바스켓 스티치(basket stitch)

44 피쉬본 스티치(fishbone stitch)

45 헤링본 스티치(herringbone stitch)

46 헤링본 스티치의 응용 A

47 헤링본 스티치의 응용 B

48 헤링본 스티치의 응용 C

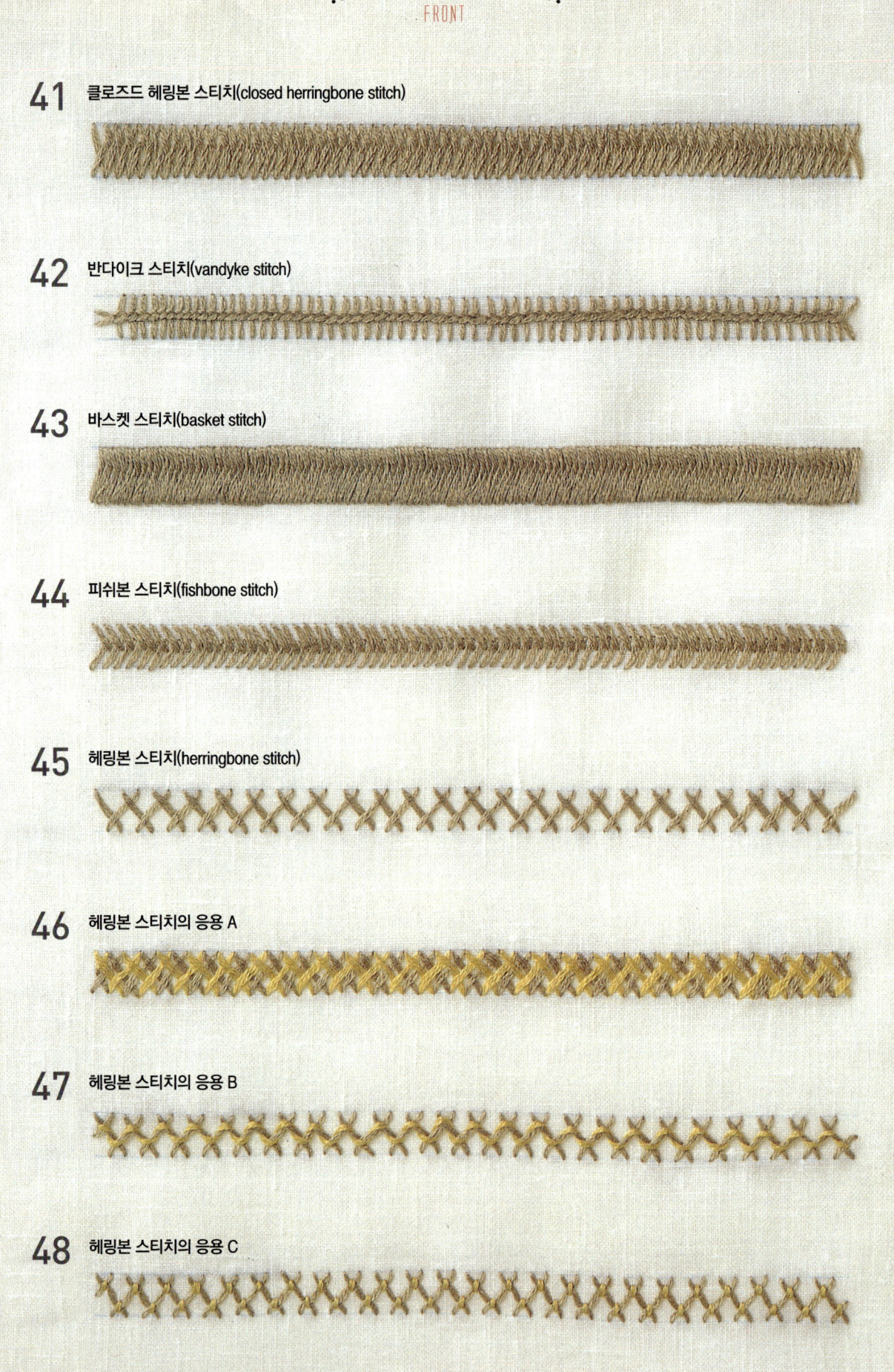

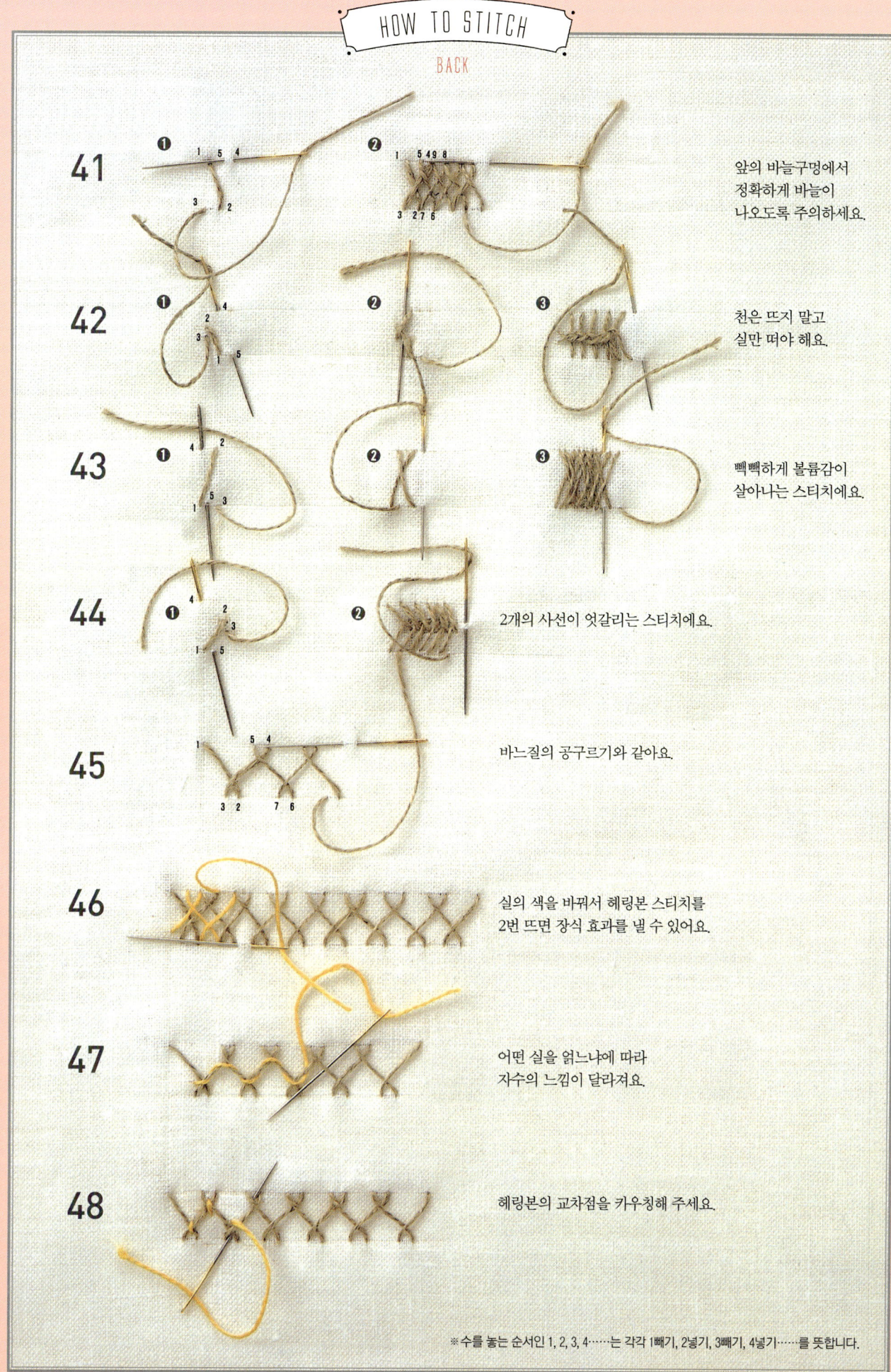

BASIC STITCH
FRONT

49 프렌치 노트 스티치(french knot stitch)

50 저먼 노트 스티치(german knot stitch)

51 블리온 스티치(bullion stitch)

52 포레그드 노트 스티치(four-legged knot stitch)

53 도트 스티치(dot stitch)

54 코럴 스티치(coral stitch)

55 포르투갈 노트 아우트라인 스티치(portugal knot outline stitch)

56 마크라메 스티치(macrame stitch)

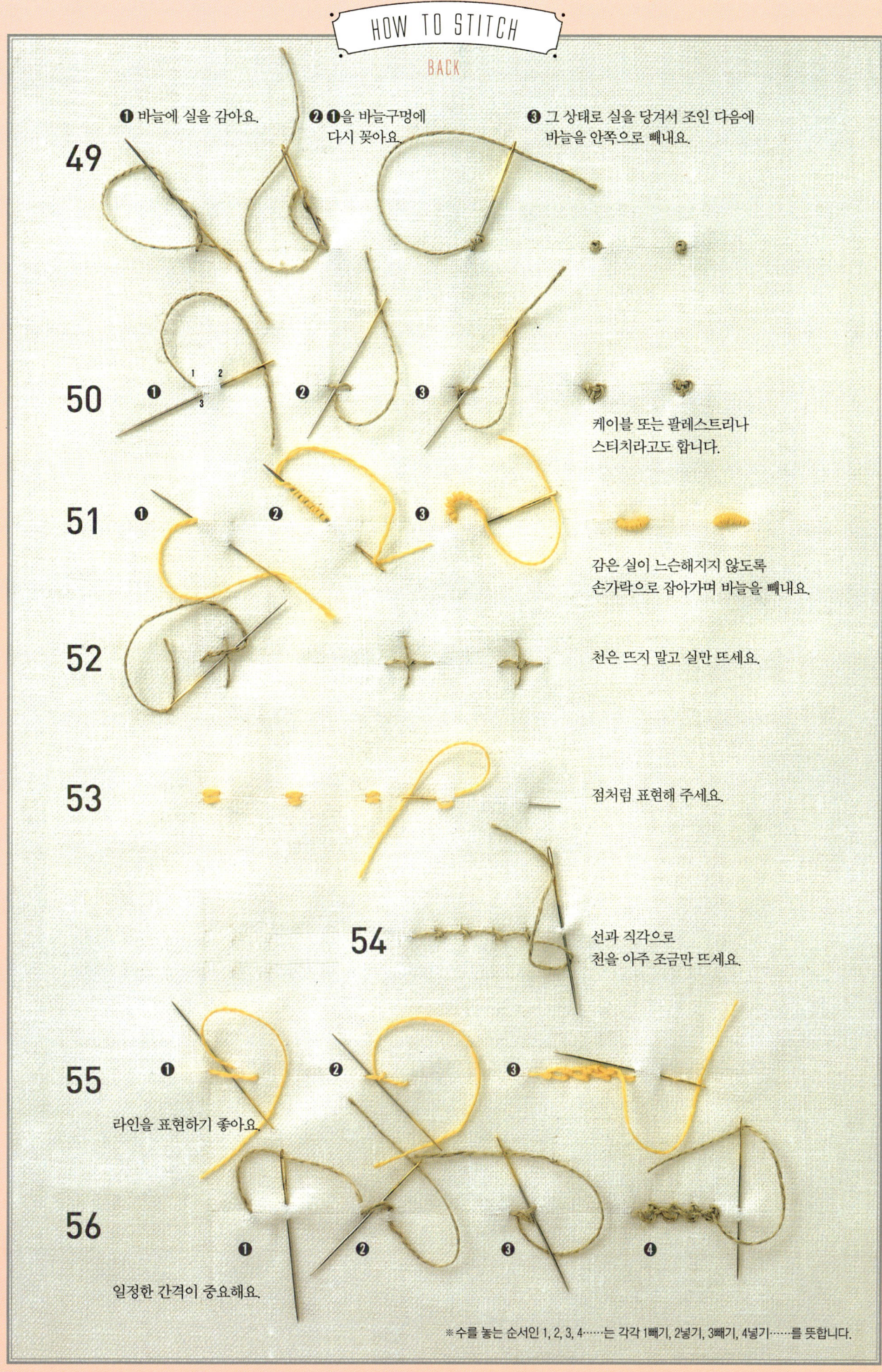

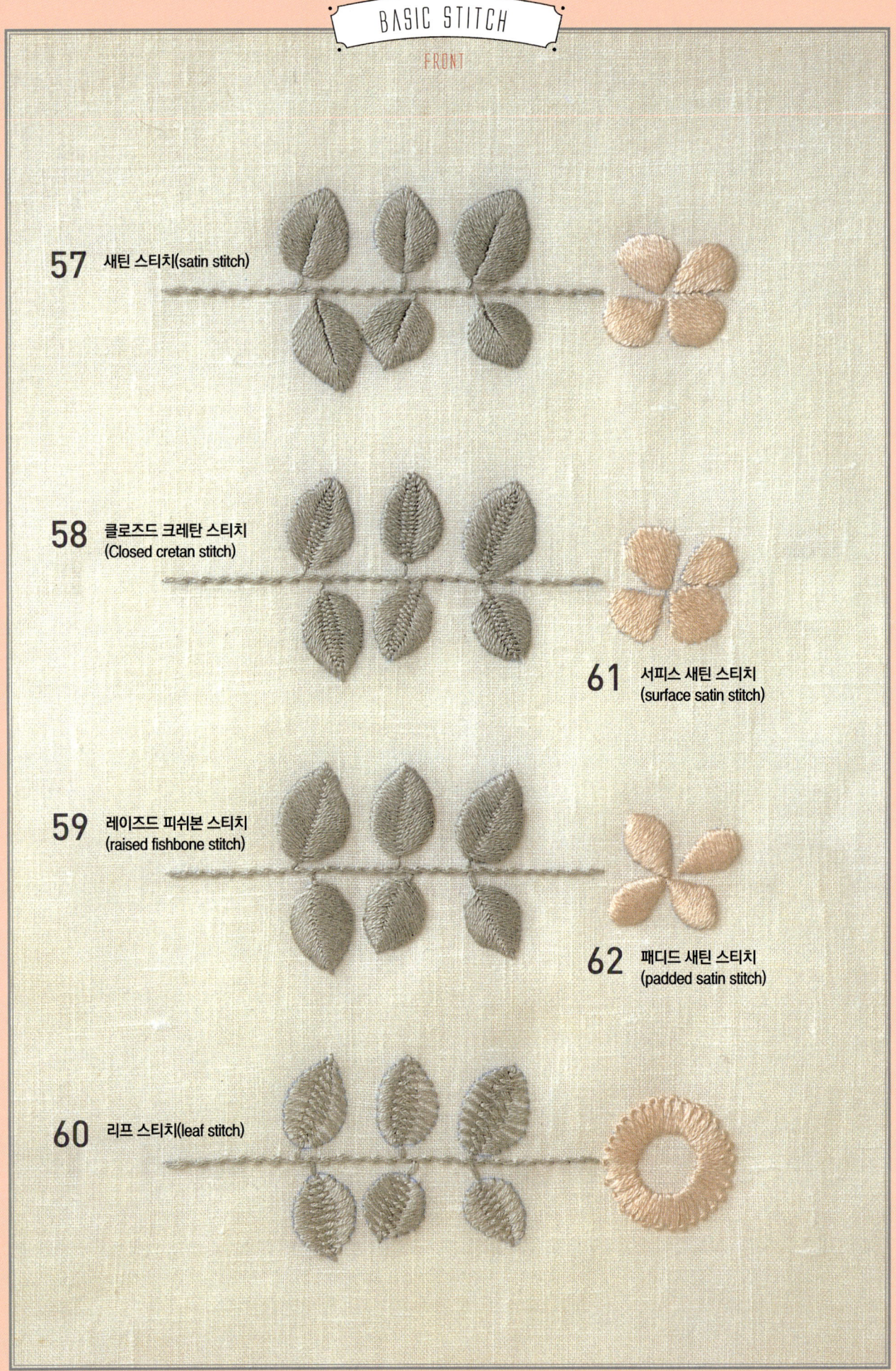

HOW TO STITCH
BACK

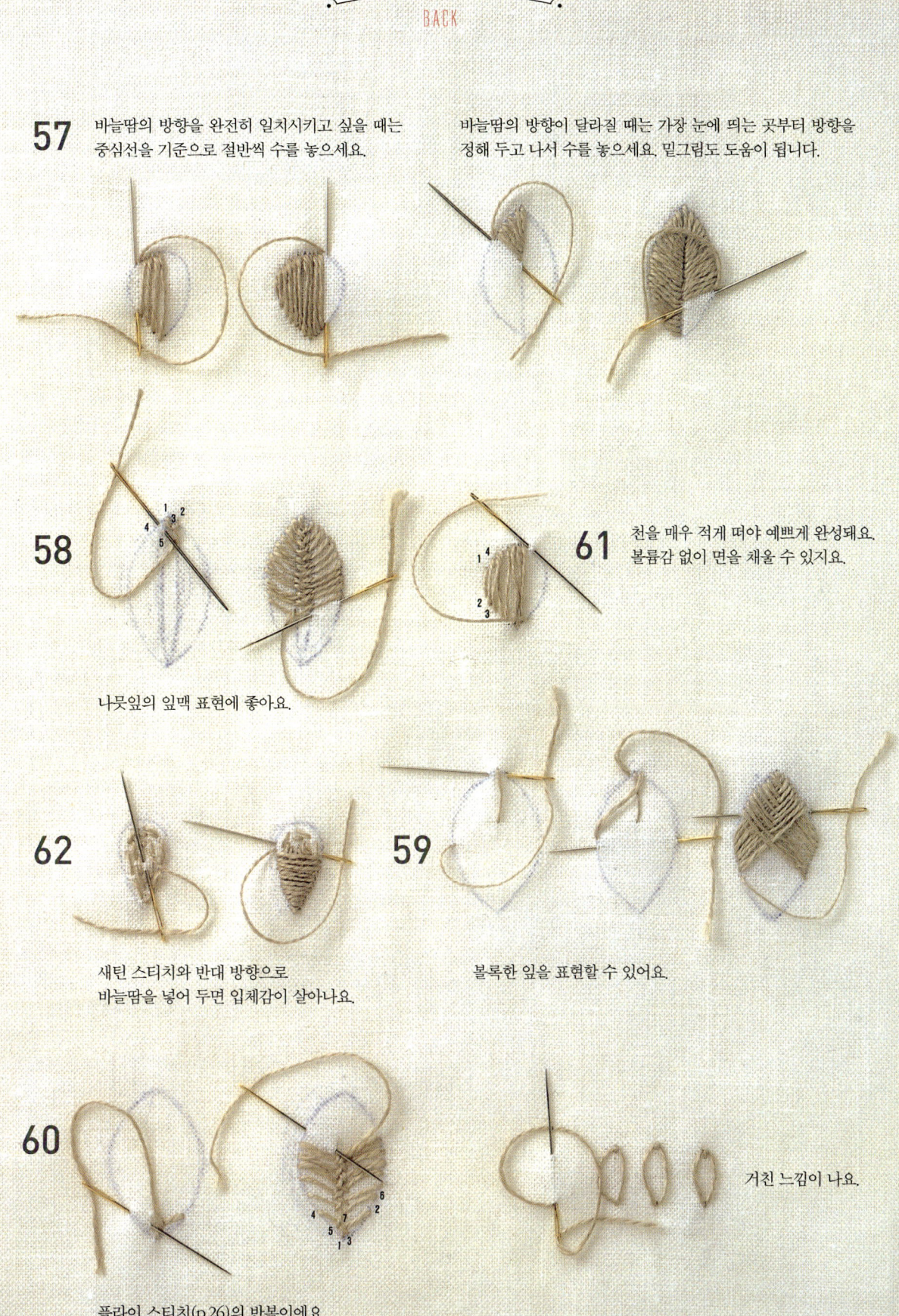

57 바늘땀의 방향을 완전히 일치시키고 싶을 때는 중심선을 기준으로 절반씩 수를 놓으세요.

바늘땀의 방향이 달라질 때는 가장 눈에 띄는 곳부터 방향을 정해 두고 나서 수를 놓으세요. 밑그림도 도움이 됩니다.

58 나뭇잎의 잎맥 표현에 좋아요.

61 천을 매우 적게 떠야 예쁘게 완성돼요. 볼륨감 없이 면을 채울 수 있지요.

62 새틴 스티치와 반대 방향으로 바늘땀을 넣어 두면 입체감이 살아나요.

59 볼록한 잎을 표현할 수 있어요.

60 플라이 스티치(p.26)의 반복이에요.

거친 느낌이 나요.

※ 수를 놓는 순서인 1, 2, 3, 4……는 각각 1빼기, 2넣기, 3빼기, 4넣기……를 뜻합니다.

BASIC STITCH
FRONT

63 피쉬본 스티치
(fishbone stitch)

66 롱 앤드 쇼트 스티치
(long and short stitch)

64 오픈 피쉬본 스티치
(open fishbone stitch)

67 스트레이트 스티치
(straight stitch)

65 레이지 데이지 스티치
(lazy daisy stitch)

68 레이지 데이지 스티치의 응용

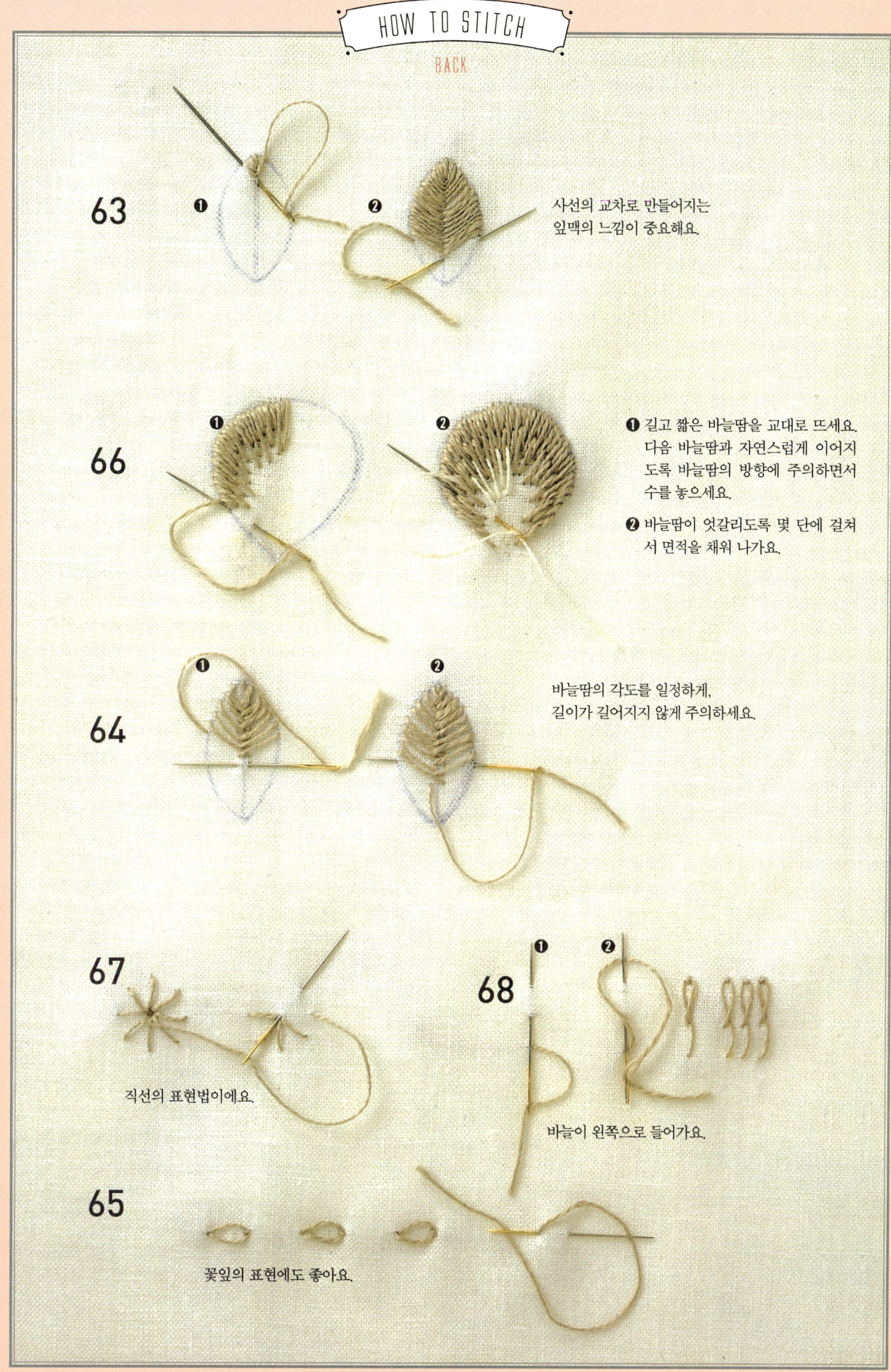

FILLING STITCH
FRONT

필링 스티치
면적을 채우는 스티치를 말해요.

69 클라우드 필링 스티치
(cloud filling stitch)

70 카우치드 트렐리스 스티치
(couched trellis stitch)

71 카우치드 트렐리스 스티치
(couched trellis stitch)

72 트위스티드 래티스 필링 스티치
(twisted lattice filling stitch)

73 바스켓 필링 스티치
(basket filling stitch)

74 위빙 스티치
(weaving stitch)

75 어민 필링 스티치
(ermine filling stitch)

76 오픈 버튼홀 필링 스티치
(open buttonhole filling stitch)

HOW TO STITCH
BACK

69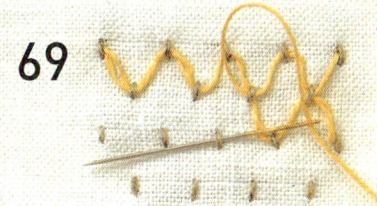
지그재그로 실을 걸어주세요.

70
북유럽 스웨덴 자수의 면을 채우는 기법이에요.

71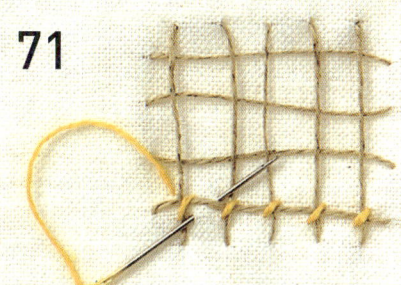
실을 어떻게 교차하느냐에 따라 면의 느낌을 다양하게 표현할 수 있어요.

72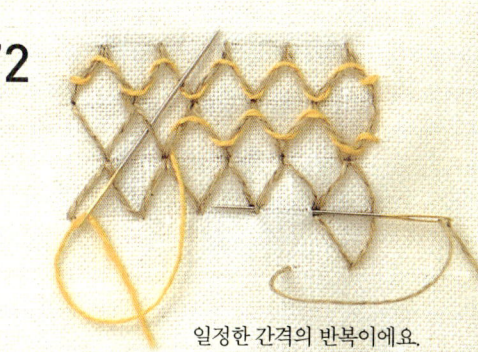
일정한 간격의 반복이에요.

74 사용하는 실에 따라 느낌이 달라져요. 색을 바꿔가면서 뜨면 스트라이프나 체크무늬도 표현할 수 있지요.

73 ❶  ❷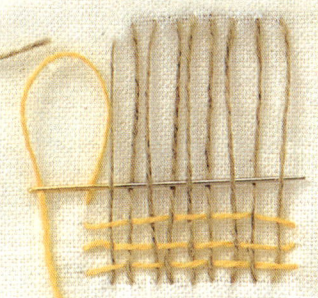

실을 위아래로 교차해요.

75
반복적인 기법이에요.

76
일정하게 고리를 만들어 가세요.

FILLING STITCH
필링 스티치

77 버튼홀 필링 스티치
(buttonhole filling stitch)

78 시프 필링 스티치
(sheep filling stitch)

79 버튼홀 필링 스티치의 응용

80 카우치드 트렐리스 스티치의 응용 A

81 바스켓 필링 스티치의 응용 A

82 카우치드 트렐리스 스티치의 응용 B

83 바스켓 필링 스티치의 응용 B

84 루마니안 카우칭 스티치
(rumanian couching stitch)

HOW TO STITCH
BACK

77 바늘 방향이 위로 가는 기법이에요.

78 천은 뜨지 말고 실만 뜨세요.

79 낱실을 먼저 놓으세요.

80 카우치드 트렐리스 전에 스트레이트로 면을 채우세요.

81 위아래로 실을 교차하세요.

82

83

84 길게 뜬 실을 비스듬하게 징구면서 되돌아와요. 이때 징구는 실이 다른 징구는 실과 직선처럼 보이지 않도록 주의하세요. 수직으로 징구는 방법도 있어요.

※ 수를 놓는 순서인 1, 2, 3, 4……는 각각 1빼기, 2넣기, 3빼기, 4넣기……를 뜻합니다.

레이스 필링 스티치

레이스 모양으로 수놓는 비법으로 다이아몬드 스티치라고도 해요.

85
실론 스티치
(ceylon stitch)

86
필레 필링 스티치
(filet filling stitch)

87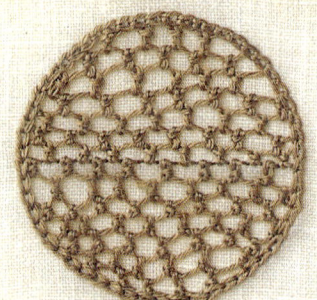
노티드 버튼홀 스티치
(knotted buttonhole stitch)

88
필링 레이스 스티치
(filling lace stitch)

89
오픈 버튼홀 필링 스티치
(open buttonhole filling stitch)

90
노티드 버튼홀과 오픈 버튼홀 스티치

91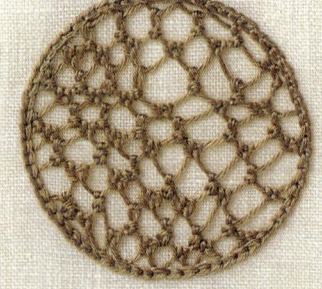
오픈 버튼홀 필링 스티치의 응용

HOW TO STITCH
BACK

85　❶　3 2 5 4
　　　1

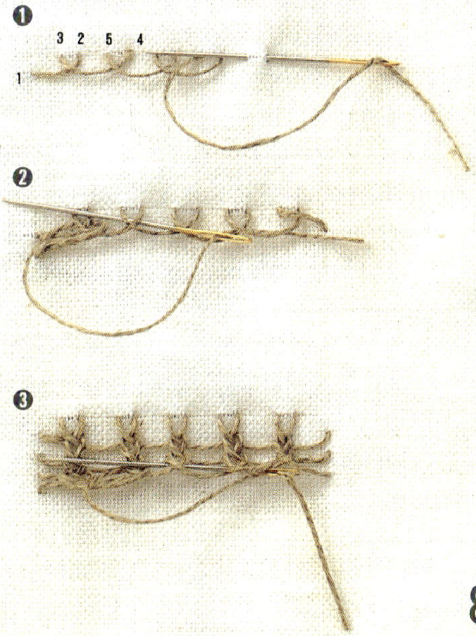

❷

❸

86　❶

❷

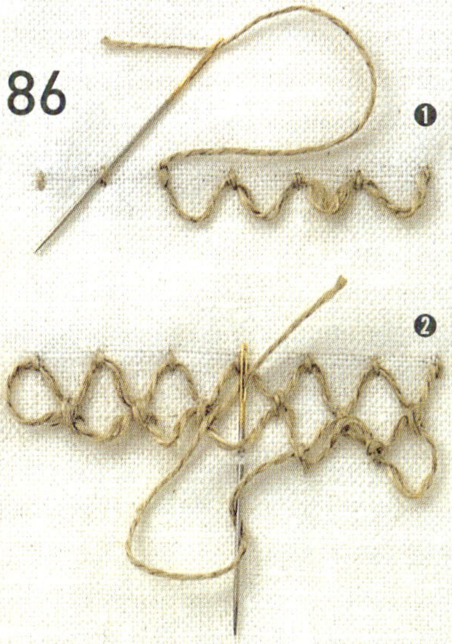

87

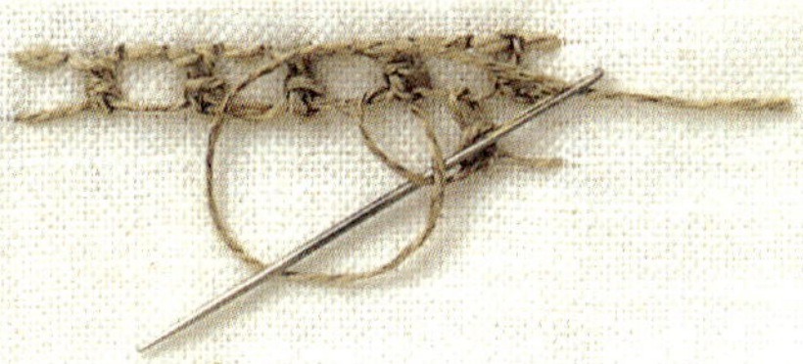

88

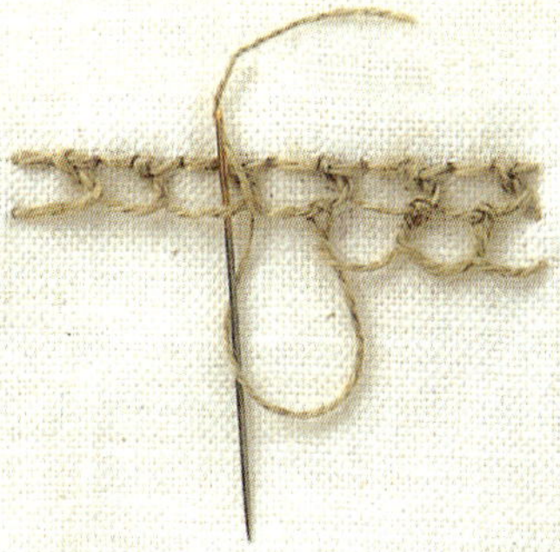

89

91

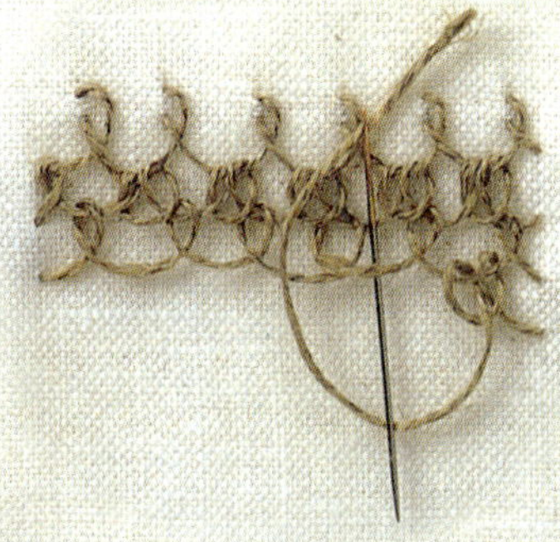

90

※일정한 크기를 유지해 가는 것이 중요합니다.
※수를 놓는 순서인 1, 2, 3, 4……는 각각 1빼기, 2넣기, 3빼기, 4넣기……를 뜻합니다.

LACE FILLING STITCH
FRONT

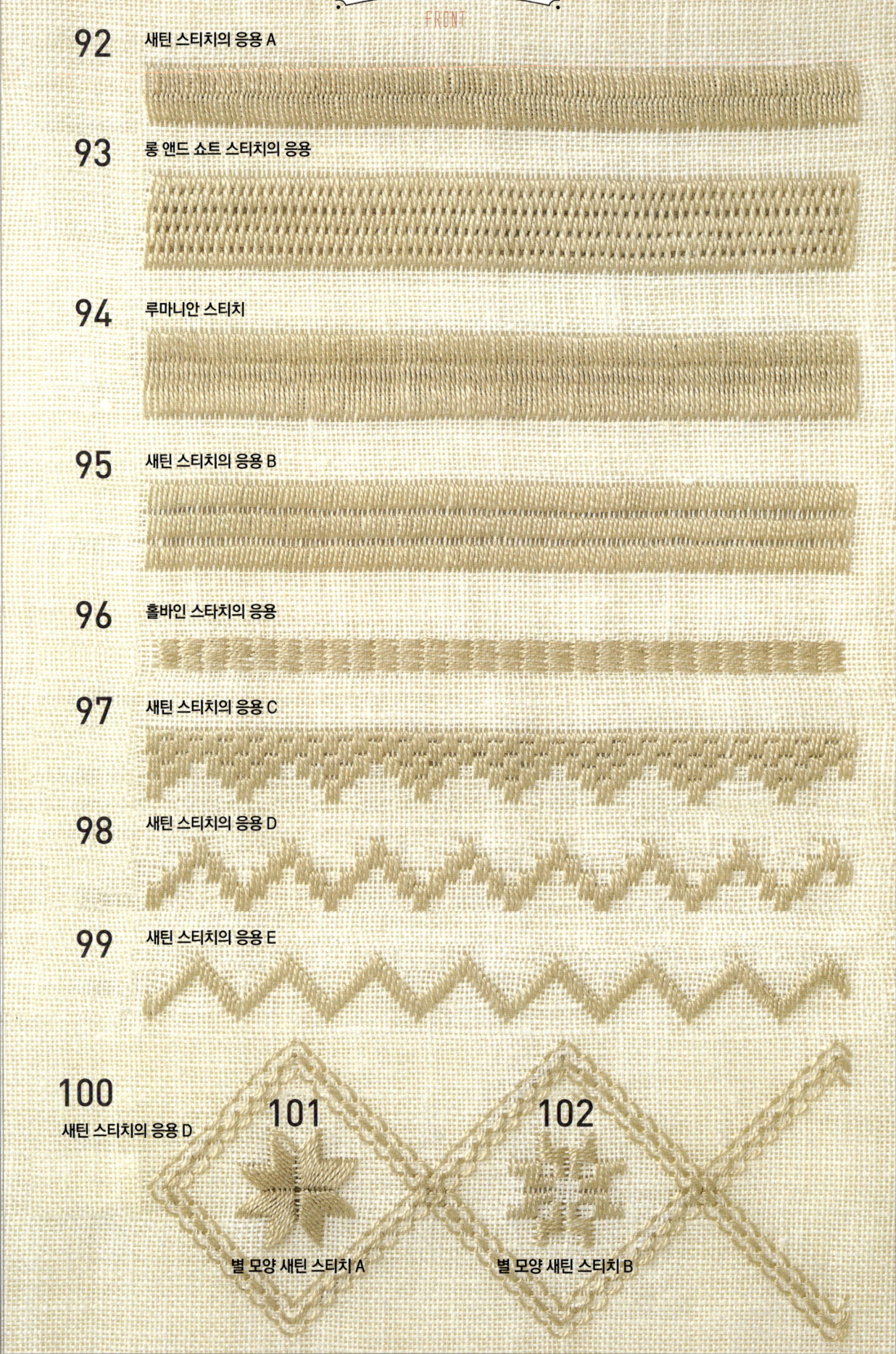

92 새틴 스티치의 응용 A

93 롱 앤드 쇼트 스티치의 응용

94 루마니안 스티치

95 새틴 스티치의 응용 B

96 홀바인 스티치의 응용

97 새틴 스티치의 응용 C

98 새틴 스티치의 응용 D

99 새틴 스티치의 응용 E

100 새틴 스티치의 응용 D

101 별 모양 새틴 스티치 A

102 별 모양 새틴 스티치 B

HOW TO STITCH
BACK

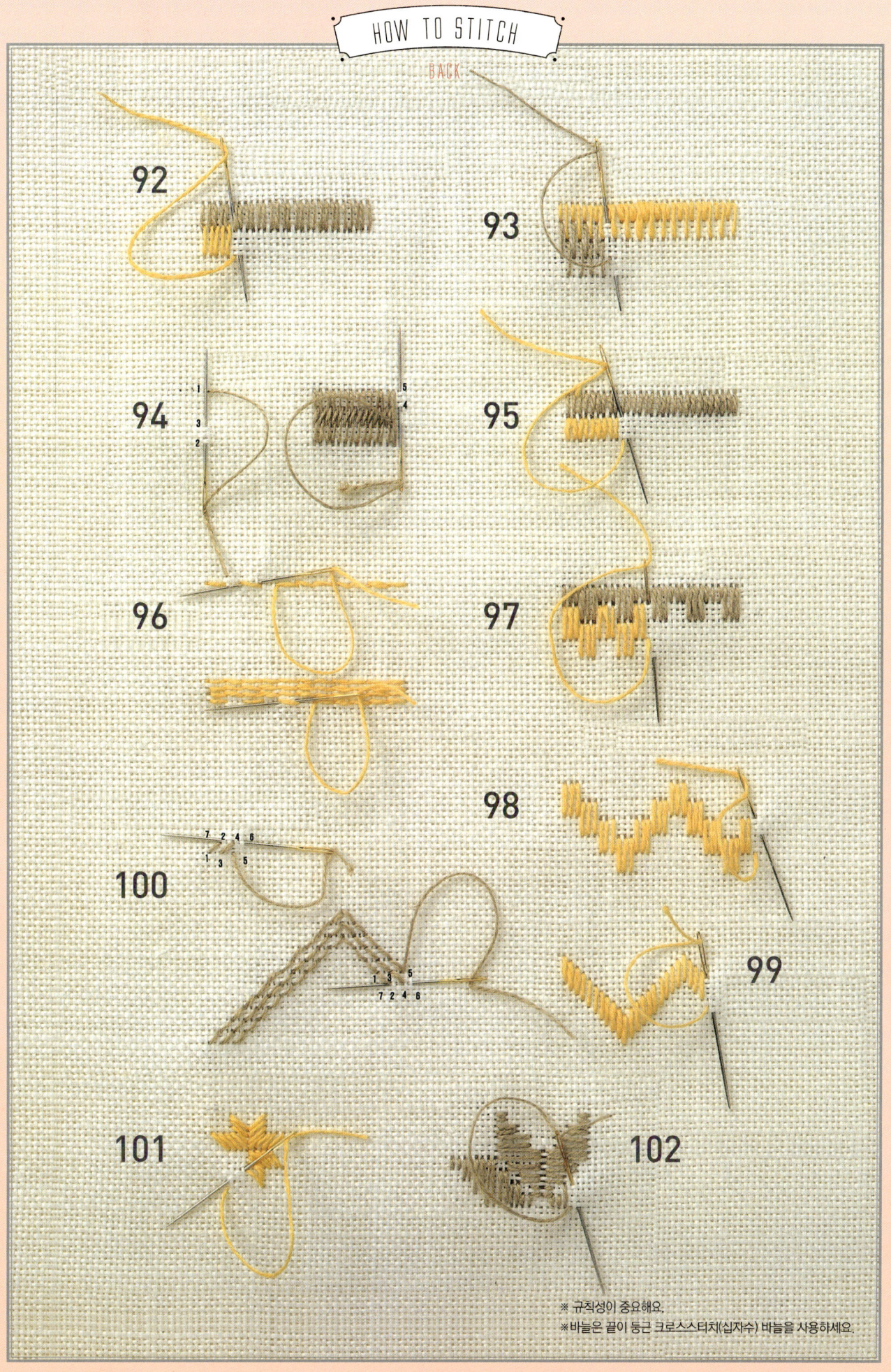

※ 규칙성이 중요해요.
※ 바늘은 끝이 둥근 크로스스티치(십자수) 바늘을 사용하세요.

아시시 자수

무늬에 해당하는 천 부분은 남겨 두고, 그 주변 공간을 크로스 스티치로 메워요.
무늬의 윤곽은 짙은 색을 사용해서 홀바인 스티치로 둘러 주세요.

103 크로스 스티치(cross stitch)
크로스 스티치는 실이 같은 방향으로 교차하는 것이 원칙이에요.

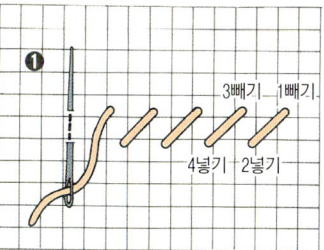
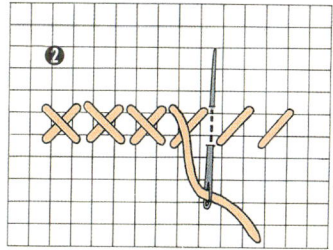
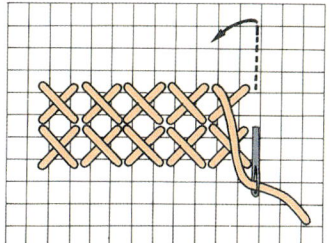

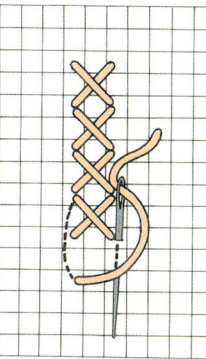
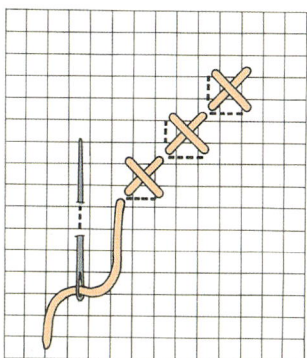

104 홀바인 스티치
직선으로 진행할 때는 천의 올 수를 일정하게 떠야 해요. 되돌아오면서 빈 공간을 메울 때는 이미 떠 놓은 바늘땀의 아래에서 바늘을 빼 위로 넣어야 선이 예쁘게 표현됩니다.

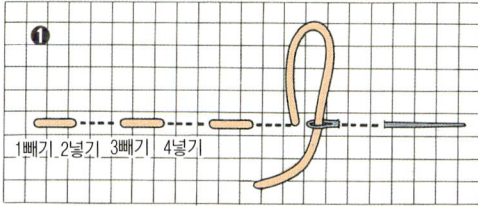
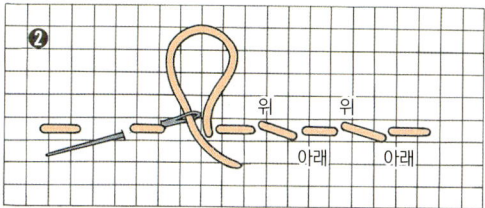

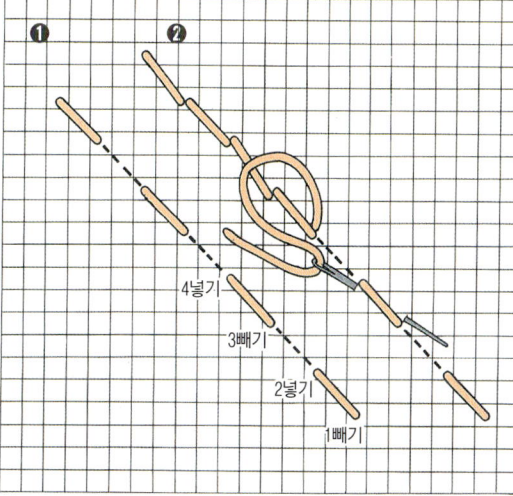
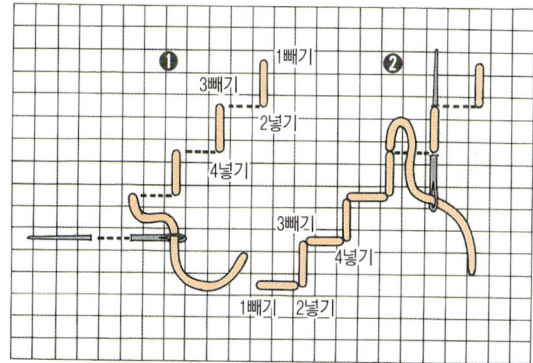

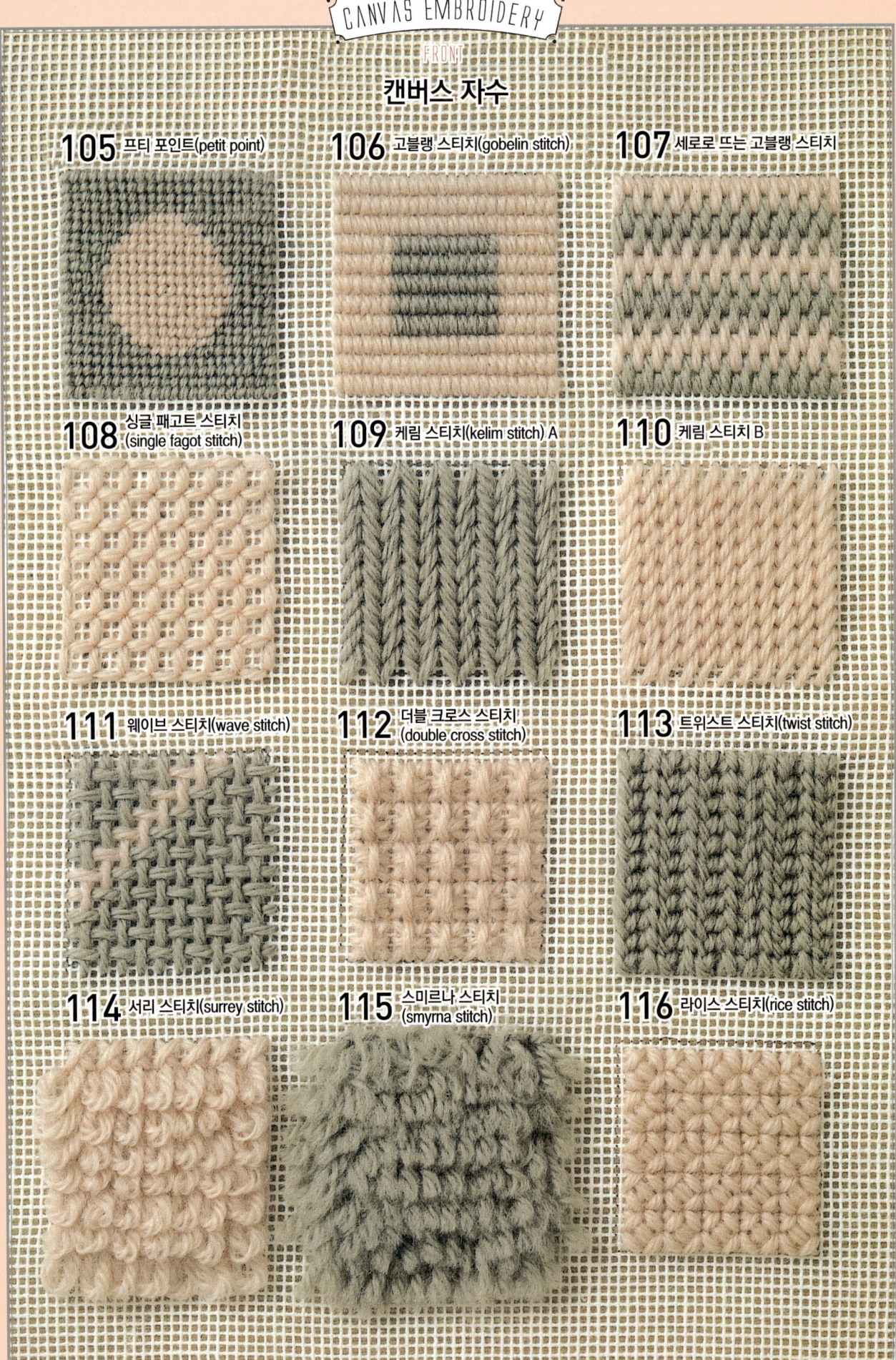

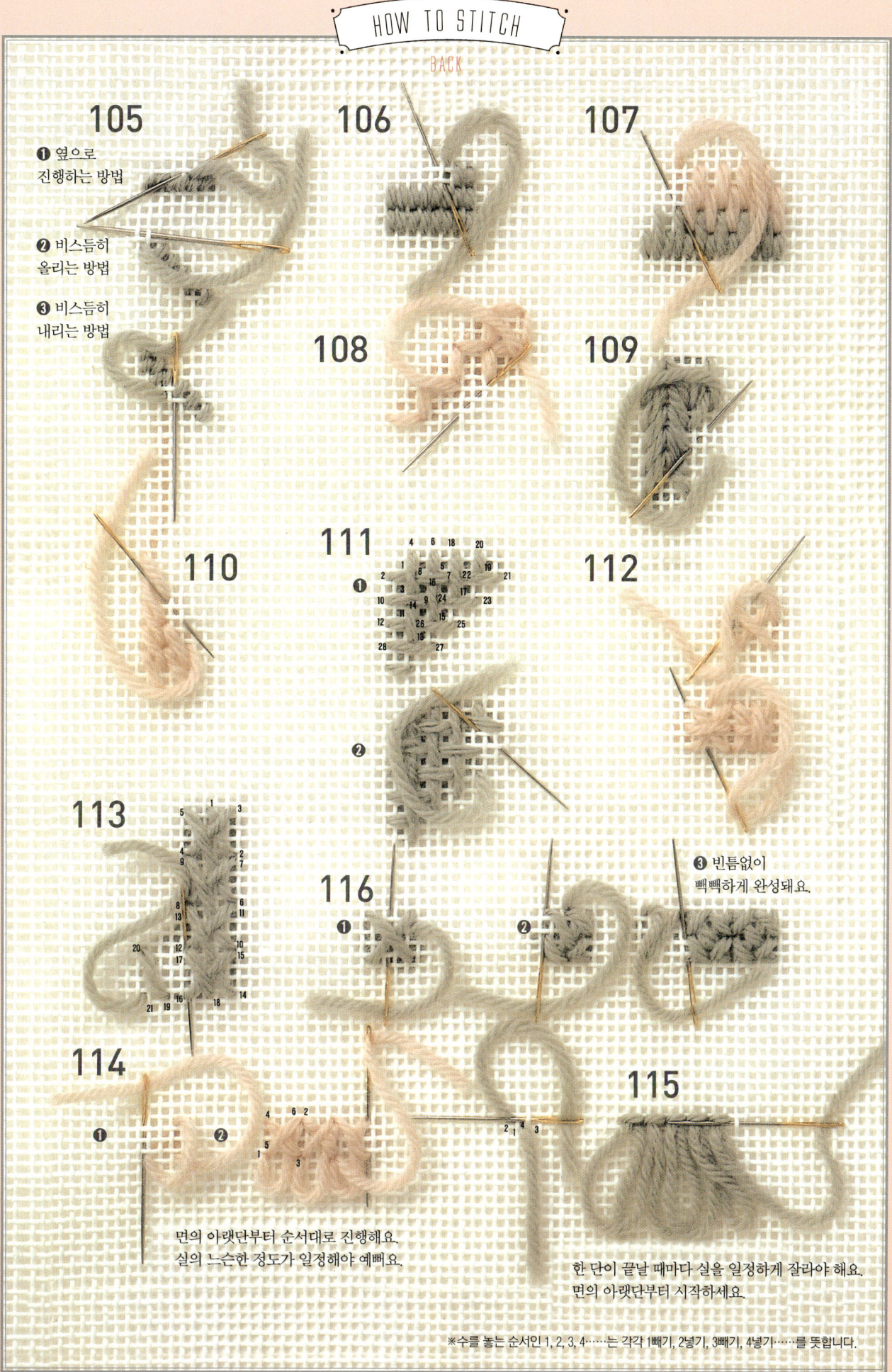

APPLIQUÉ
FRONT
아플리케
바탕 천과 아플리케 천의 올 방향이 같도록 주의하세요.

117 수직 감침질

118 체인 스티치

119 카우칭 스티치

120 클로즈드 헤링본 스티치

121 버튼홀 스티치(buttonhole stitch)

122 아웃라인 스티치

123 휘갑치기로 잇기

124

HOW TO STITCH
BACK

117 윤곽선을 따라 안쪽으로 시접을 접어 넣고 정성껏 시침한 후에 진행하세요. 시접이 없을 때는 바늘땀을 조금 길게 잡으세요. 실은 아플리케 천과 같은 색상의 가는 실을 쓰세요.

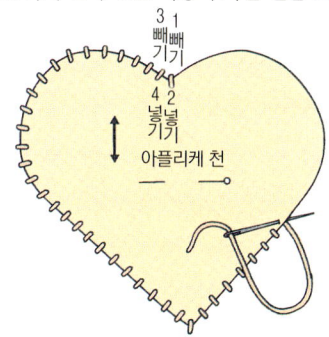

118 카우칭 스티치와 마찬가지로 시접을 안쪽으로 접어요. 정성껏 시침질을 한 후에 진행하세요.

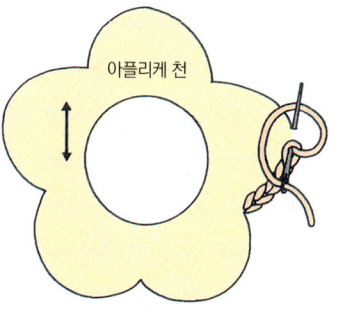

119 윤곽선을 따라 안쪽으로 시접을 접어 넣고 꼼꼼하게 시침을 한 후에 진행하세요.

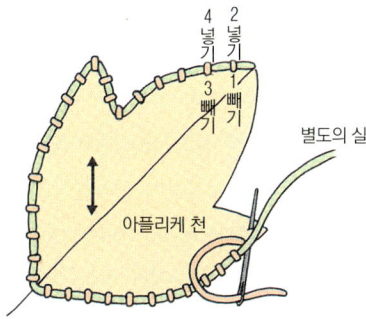

120 시접을 두지 않고, 우선 눈에 띄지 않는 실로 수직 감침질을 한 후에 진행하세요. 같은 색상의 가는 실을 쓰세요.

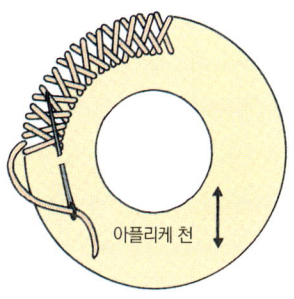

121 윤곽선에 맞춰서 천을 자르고 시침질을 한 후에 진행하세요. 바늘땀의 간격은 촘촘해야 해요.

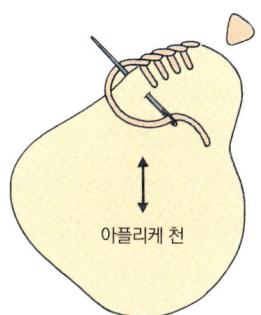

122 시접을 안쪽으로 접어 넣고 정성껏 시침질을 한 후에 진행하세요.

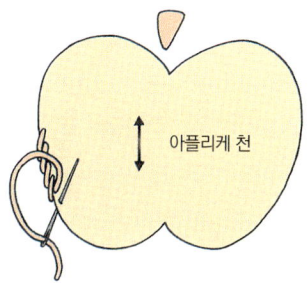

123 완성선에 맞춰서 접어놓은 2장의 천을 겉끼리 맞대고, 그 시접을 촘촘하게 휘갑치기 하세요.

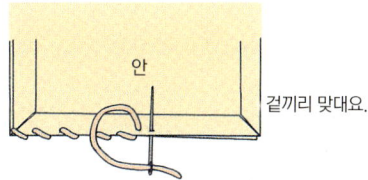

124 얇은 천의 섬세한 느낌을 살리고 싶을 때는 이 방법을 사용해요.

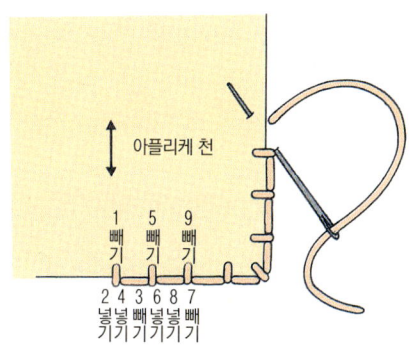

HOW TO STITCH
BACK

125 시접을 접고, 그 접은 부분을 가장자리로 삼아 진행해요.

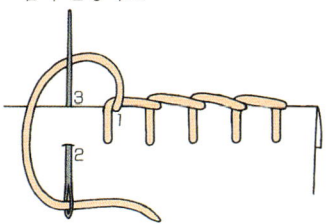

126

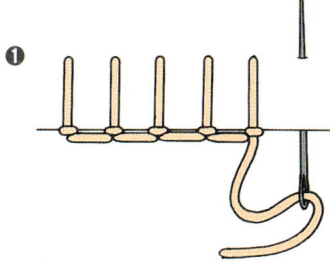

127

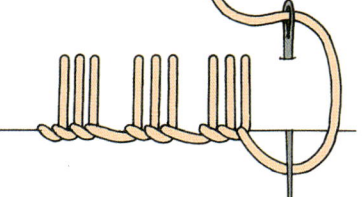

128

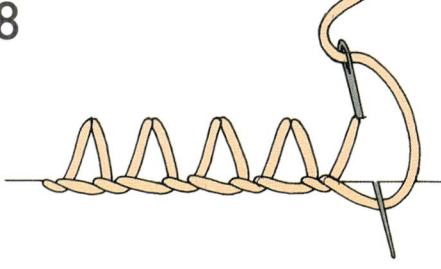

129

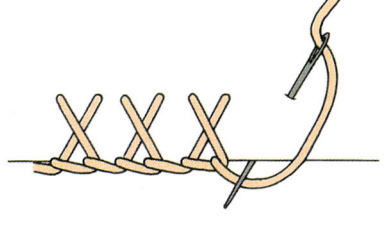

130

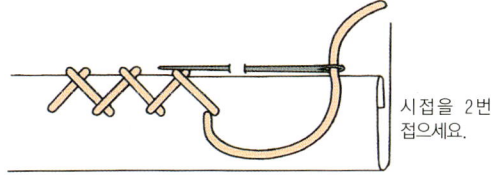

시접을 2번 접으세요.

131 스카프나 손수건 등의 가장자리에 사용해요. 천의 끝을 손가락으로 말아가며 휘감치기 합니다.

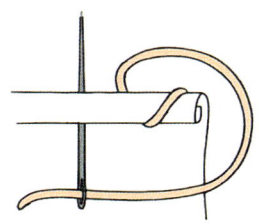

132

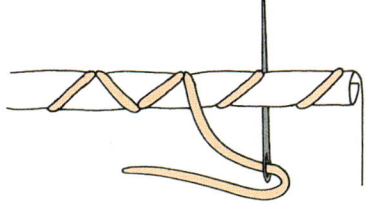

133

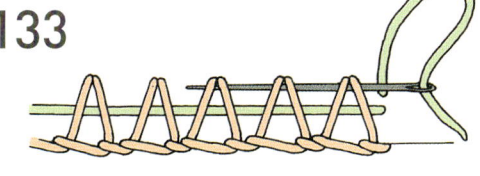

134

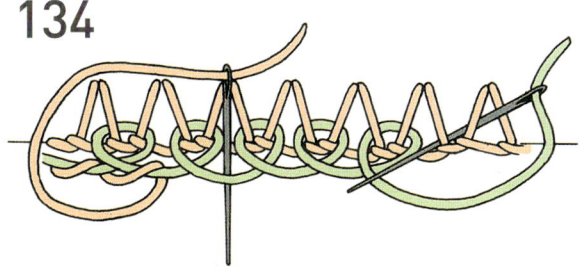

135

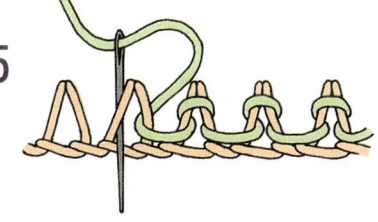

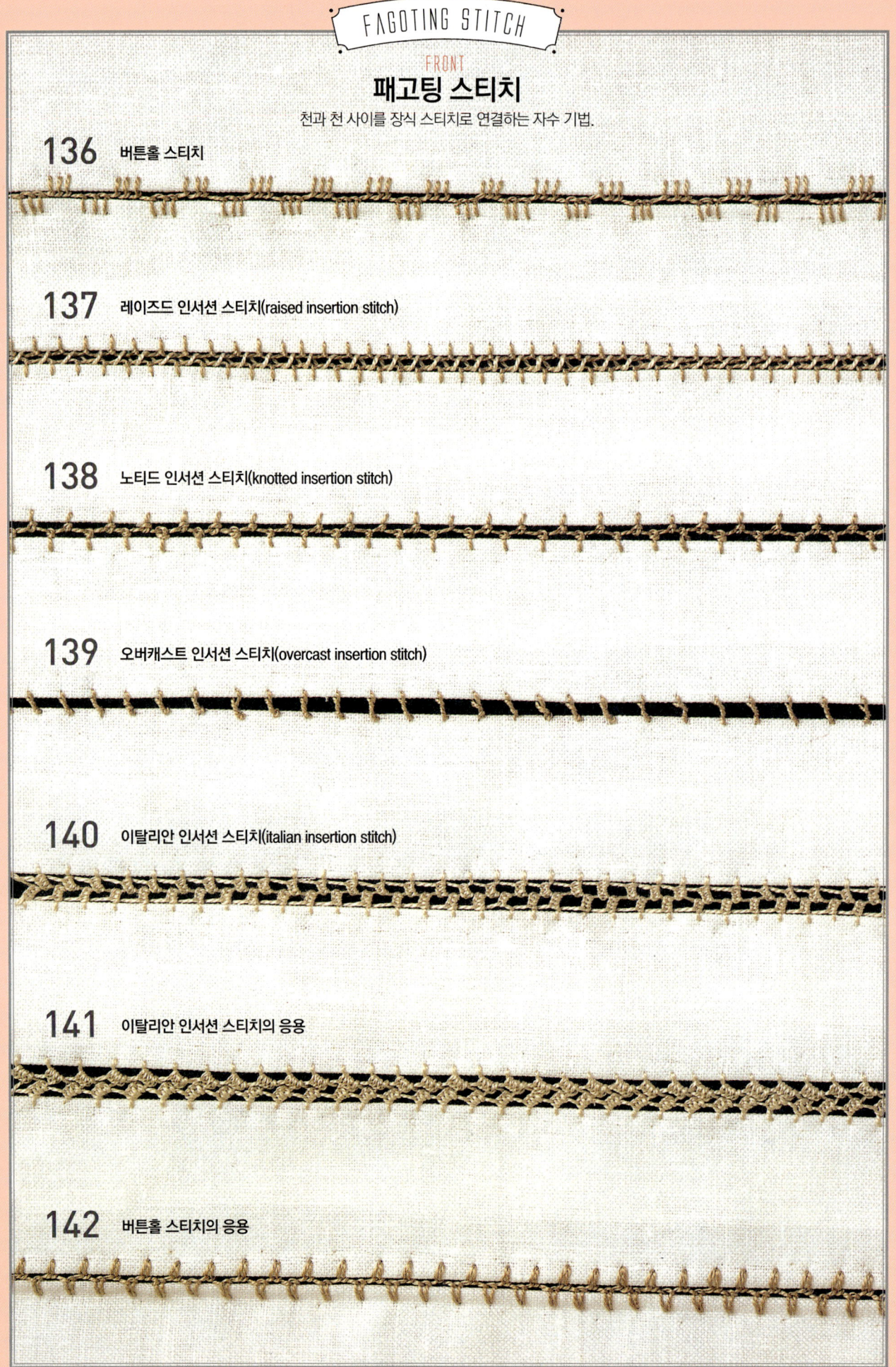

136

두꺼운 종이
시침질로 두꺼운 종이에 천을 고정하고
나서 진행해요.

137

138

❶
❷

139

140

❶
2
1
3
4
❷
5
6
❸
6
8
7
❹
8
9

141

❶
2
1
3
4
5
❷

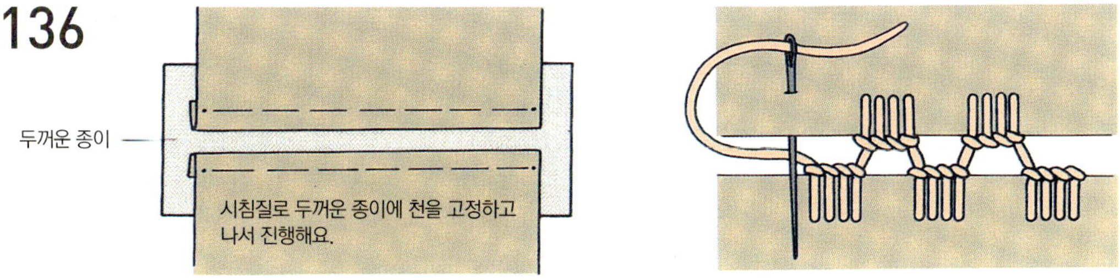

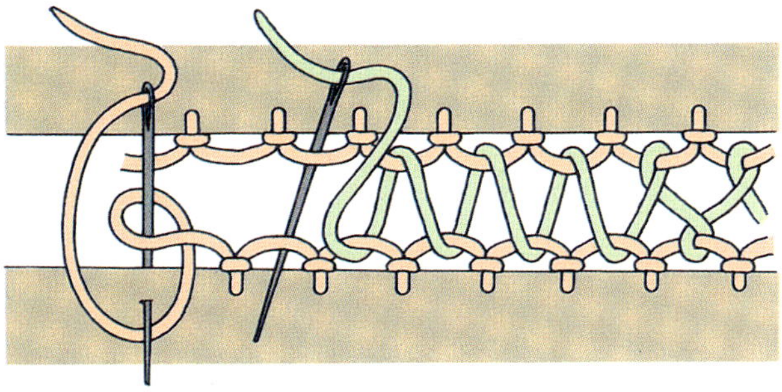

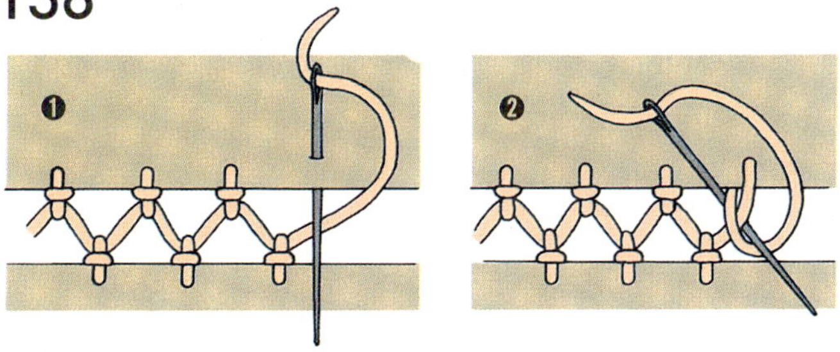

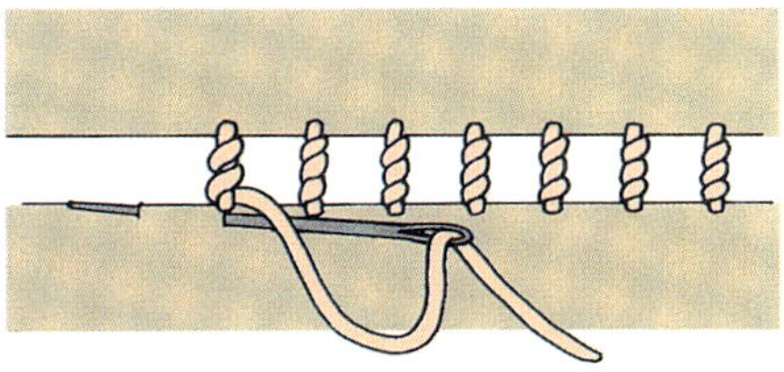

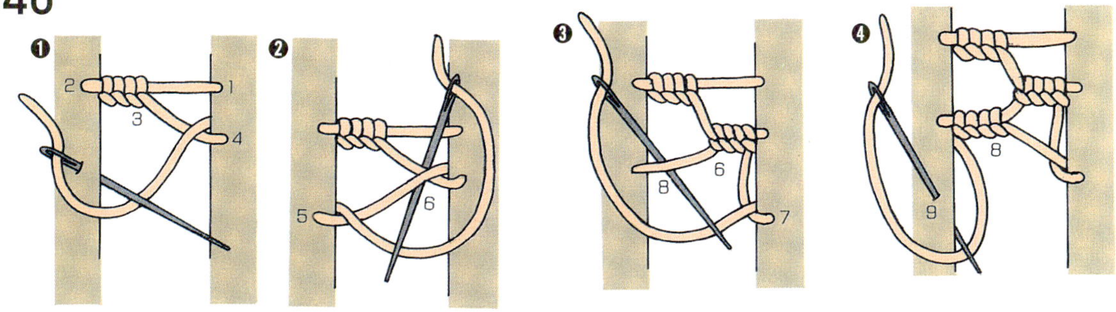

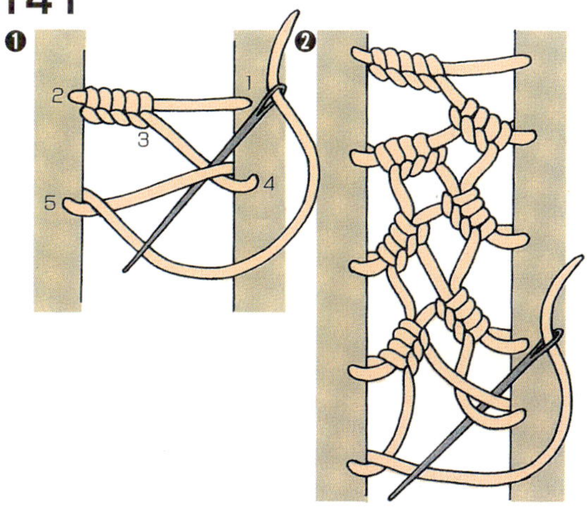

142

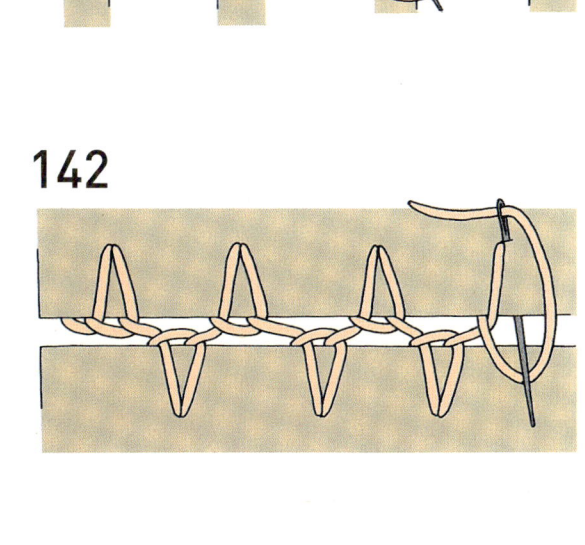

CUT WORK
FRONT

컷 워크

도안의 가장자리에 스티치를 넣은 다음,
도안 모양에 따라 오려내 보기 좋게 만드는 자수 기법이에요.

143 작은 아일릿 홀

144 아일릿 홀

145 버튼홀 스티치 아일릿 워크

146 버튼홀 스티치

147 테일러드 버튼홀 스티치(tailored buttonhole stitch)

148 스트레이트 오버캐스트 스티치(straight overcast stitch)

149 불리온 피코 스티치(bullion picot stitch)

150 우븐 피코 스티치(woven picot stitch)

HOW TO STITCH
BACK

143

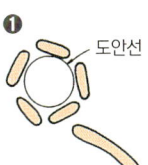
❶ 도안선
도안의 선보다 0.1cm 안쪽을 시침하세요.

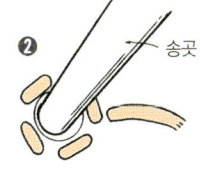
❷ 송곳
송곳으로 구멍을 뚫어요.

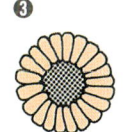
❸
천과 시침한 실을 같이 떠가며 스티치를 진행해요.

144 시침질을 하고 나서 가위집을 내세요. 시침질의 가장자리에서 바늘을 이용해 천을 안쪽으로 접어가며 진행하세요.

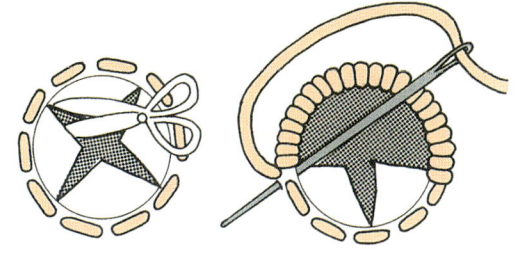

145 시침질의 바늘땀이 나란하지 않도록 주의하세요 (바늘땀이 서로 어긋나야 해요).

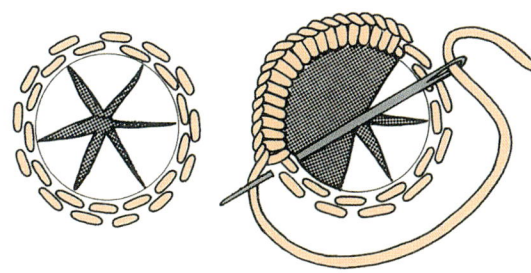

146 자수의 폭이 넓으면 시침질(러닝 스티치)의 땀 수도 늘어나야 해요. 그리고 위아래의 바늘땀이 서로 어긋나야 해요. 윤곽선과 직각이 되도록 천을 뜨세요.

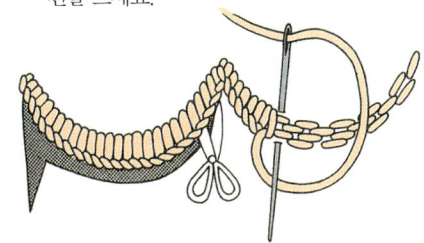

147

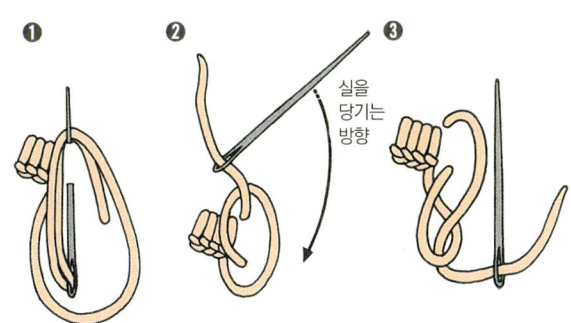
❶ ❷ ❸ 실을 당기는 방향

148 볼륨을 살리고 싶을 때는 심지의 역할을 할 수 있도록 별도의 실을 한 가닥 넣어 진행하세요.

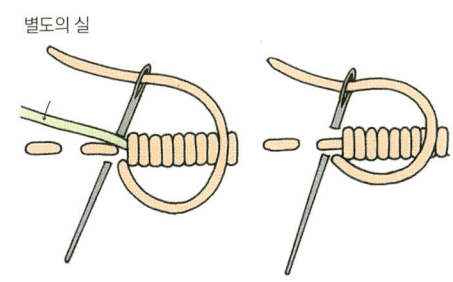
❶ 별도의 실 ❷

149

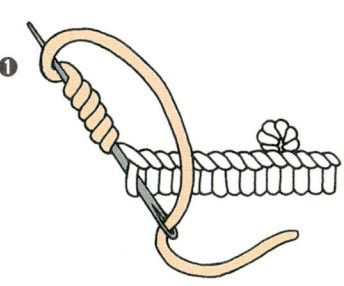
❶
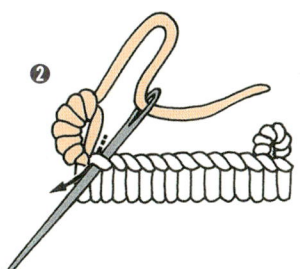
❷
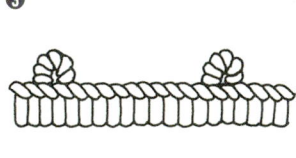
❸

150 시침핀을 꽂은 길이가 피코의 높이입니다.

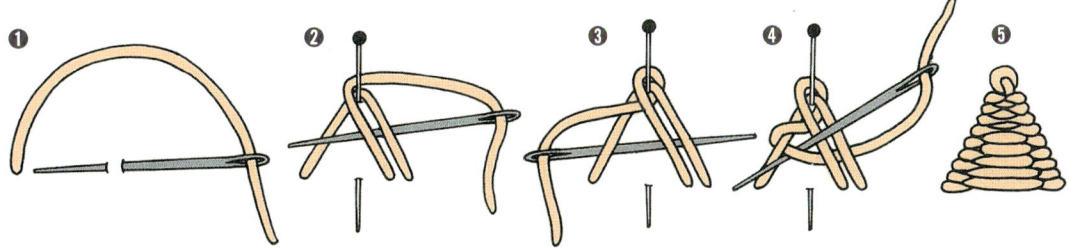
❶ ❷ ❸ ❹ ❺

CUT WORK

컷 워크

151 테일러드 버튼홀 스티치

152B 바 B

152A 바(bar) A

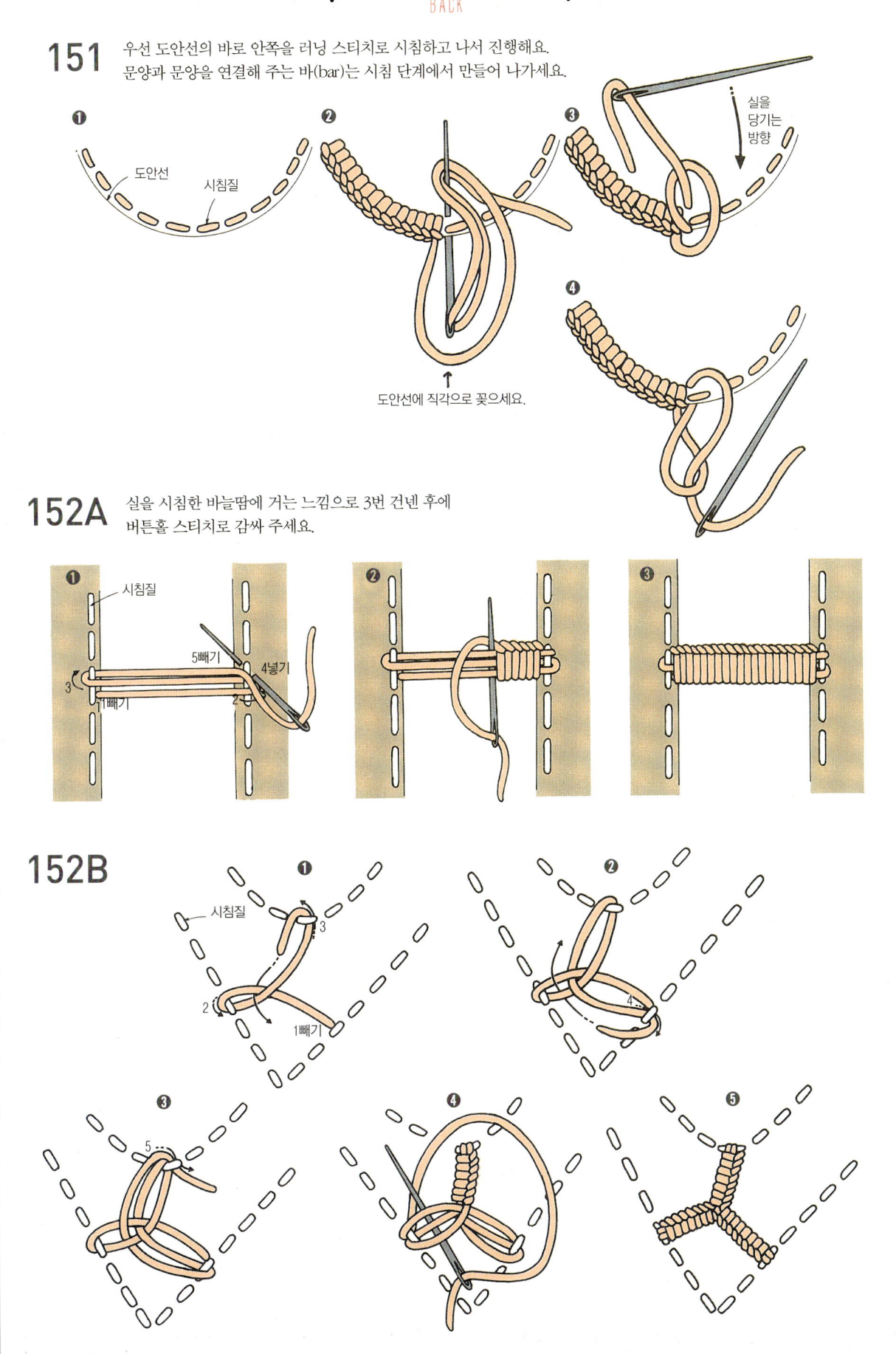

DRAWN THREAD WORK
FRONT

드론워크
천의 씨실이나 날실을 뺀 후
남은 올을 얽어 모양을 만드는 자수 기법을 말해요

154 포 사이드 스티치 에징(four sided stitch edging)

153 포사이디드 스티치(four-sided stitch)

155 포사이디드 스티치(four-sided stitch)

156 싱글 트위스트 스티치(single twist stitch)

157 싱글 페더 스티치(single feather stitch)

158 서펜타인 헴 스티치(serpentine hem stitch)

159 레더 헴 스티치(ladder hem stitch)

160 싱글 헴 스티치(single hem stitch)　　　**161** 새틴 스티치

HOW TO STITCH
BACK

153·155 실을 당기는 정도에 주의하세요.

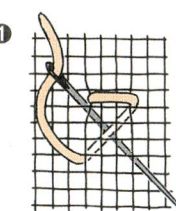 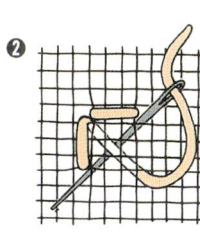 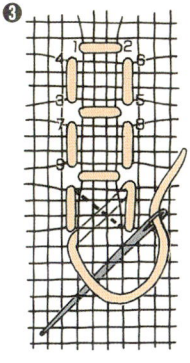

154 먼저 가장자리를 따라서 포사이디드 스티치의 한 변을 남기고 1열로 진행해요. 스티치의 가장자리에서 천을 접은 다음 2열째 스티치를 진행하세요. 이후에는 원하는 폭만큼 스티치를 이어 나가세요.

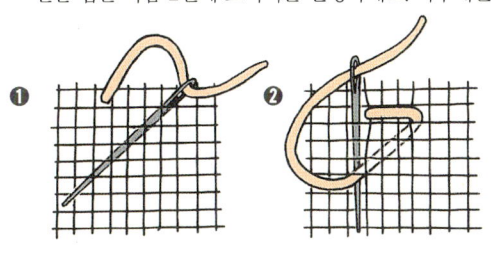 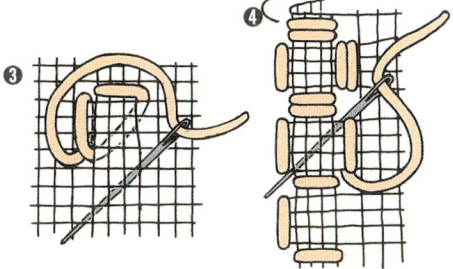

156 싱글 헴 스티치를 하고 나서 진행하세요.

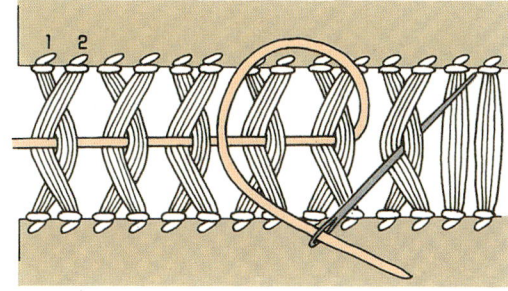

157 가는 실을 사용해서 바늘이 나온 자리에 다시 바늘을 꽂아요.

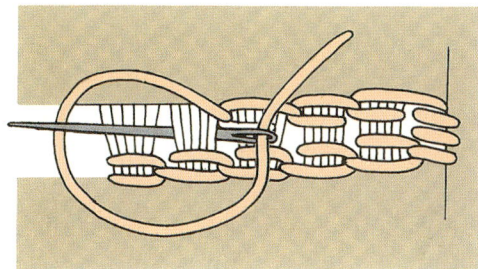

158

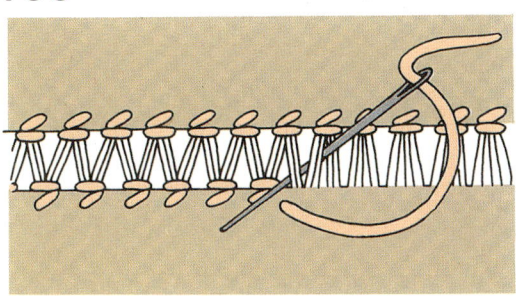

159

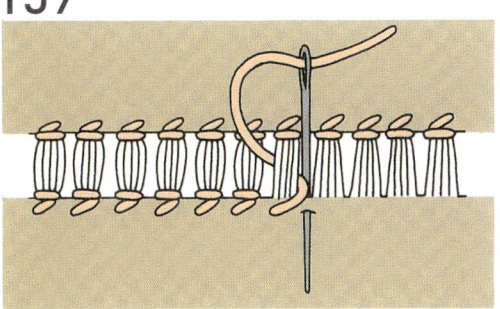

160

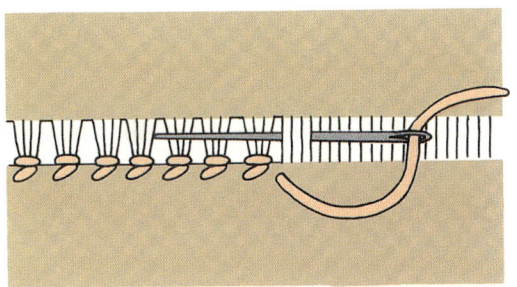

161

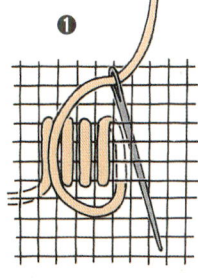

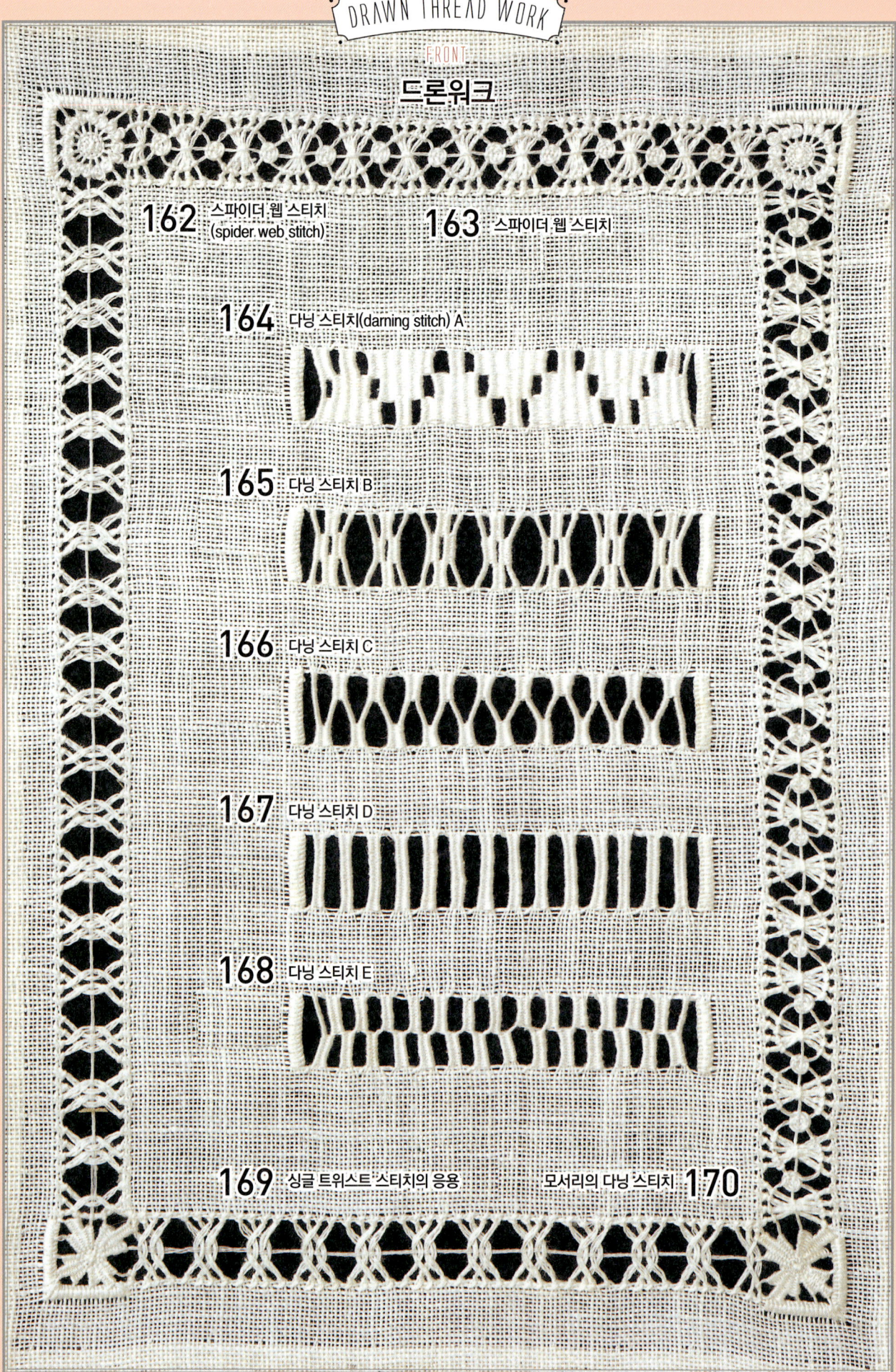

162

166

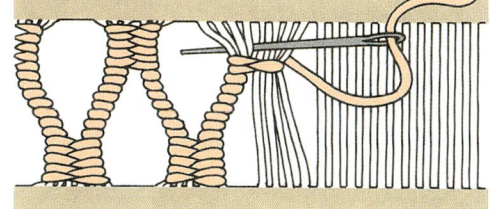

167

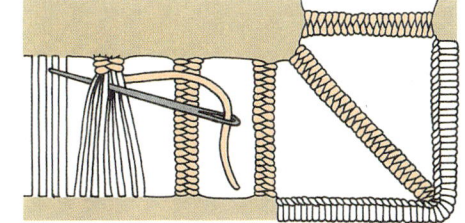

163

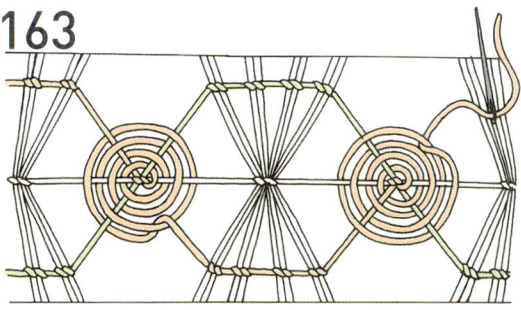

168

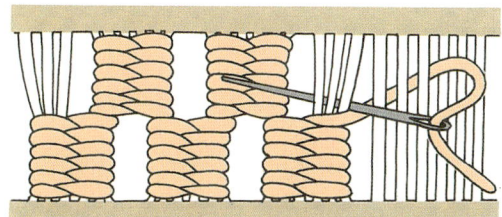

매듭을 지으며 얽기

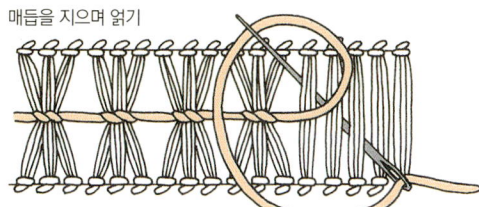

169

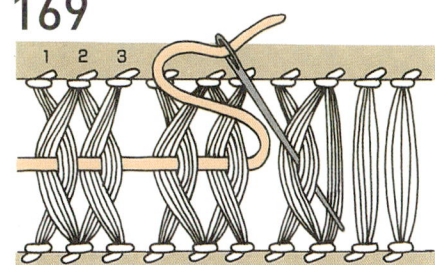

164

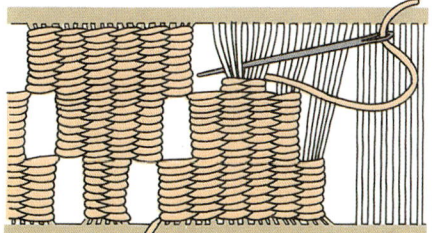

170

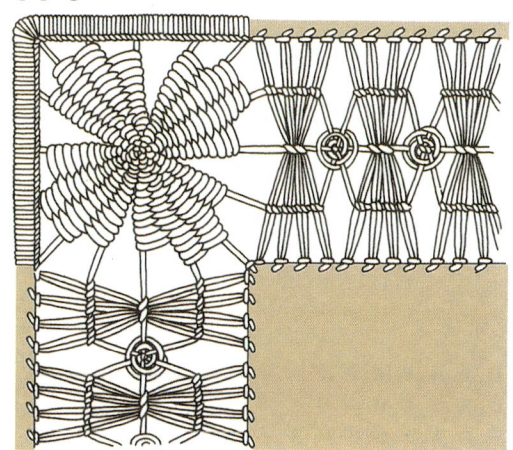

165

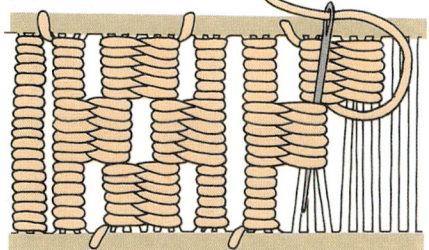

DRAWN THREAD WORK
FRONT
드론워크

171
칠보무늬 스티치 A
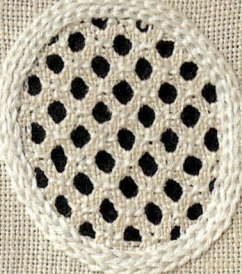

172
칠보무늬 스티치 B

173
격자무늬 스티치 A

174
격자무늬 스티치 B

175
포사이디드 스티치

176
격자무늬 스티치와
다닝 스티치

177
격자무늬 스티치와
다닝 스티치

178
격자무늬 스티치와
홀바인 스티치

179
격자무늬 스티치와
스파이더 웹 스티치

180
지그재그 스티치로
엮기

HOW TO STITCH
BACK

우선 윤곽선을 따라 가느다란 체인 스티치를
딱 붙여 2줄 진행한 다음, 안쪽의 날실을
격자모양으로 뽑고 나서 진행하세요.

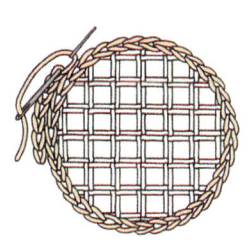

171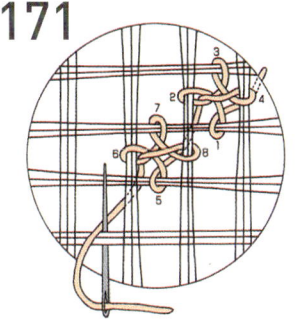

172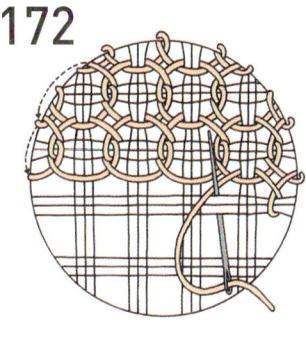

173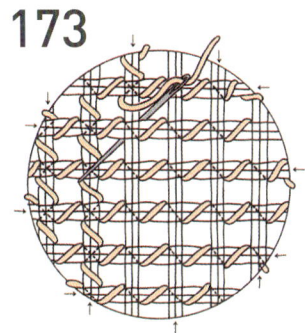

174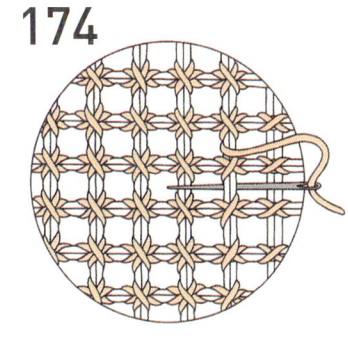

176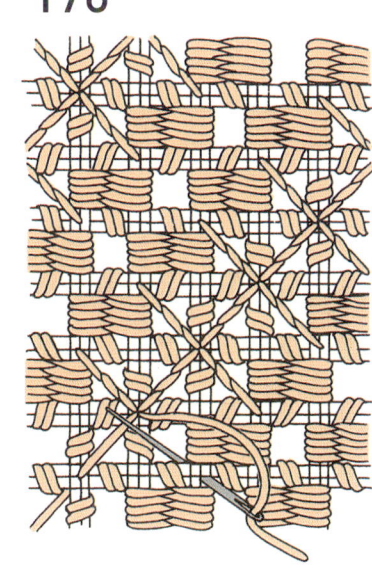

175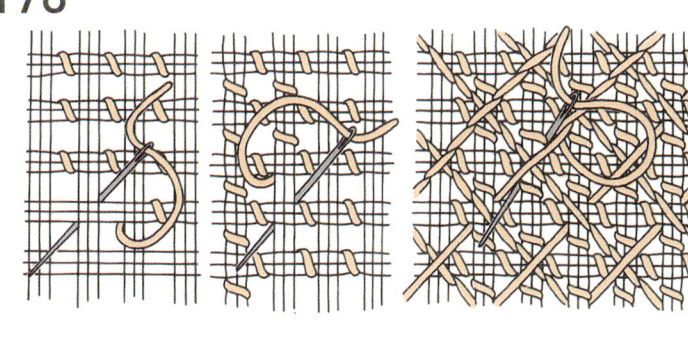

177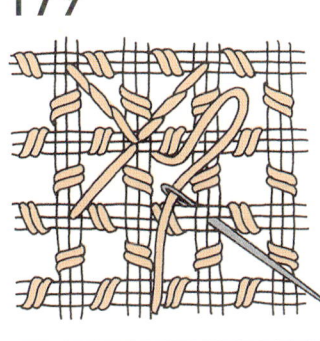

178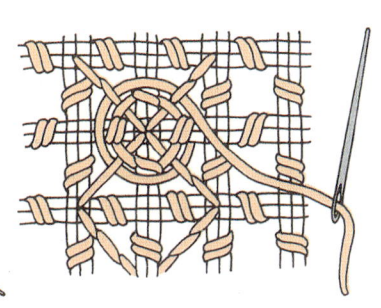

179

180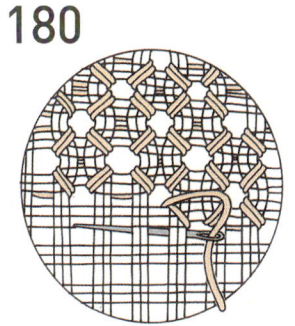

69

FRONT

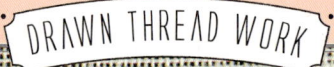

드론워크

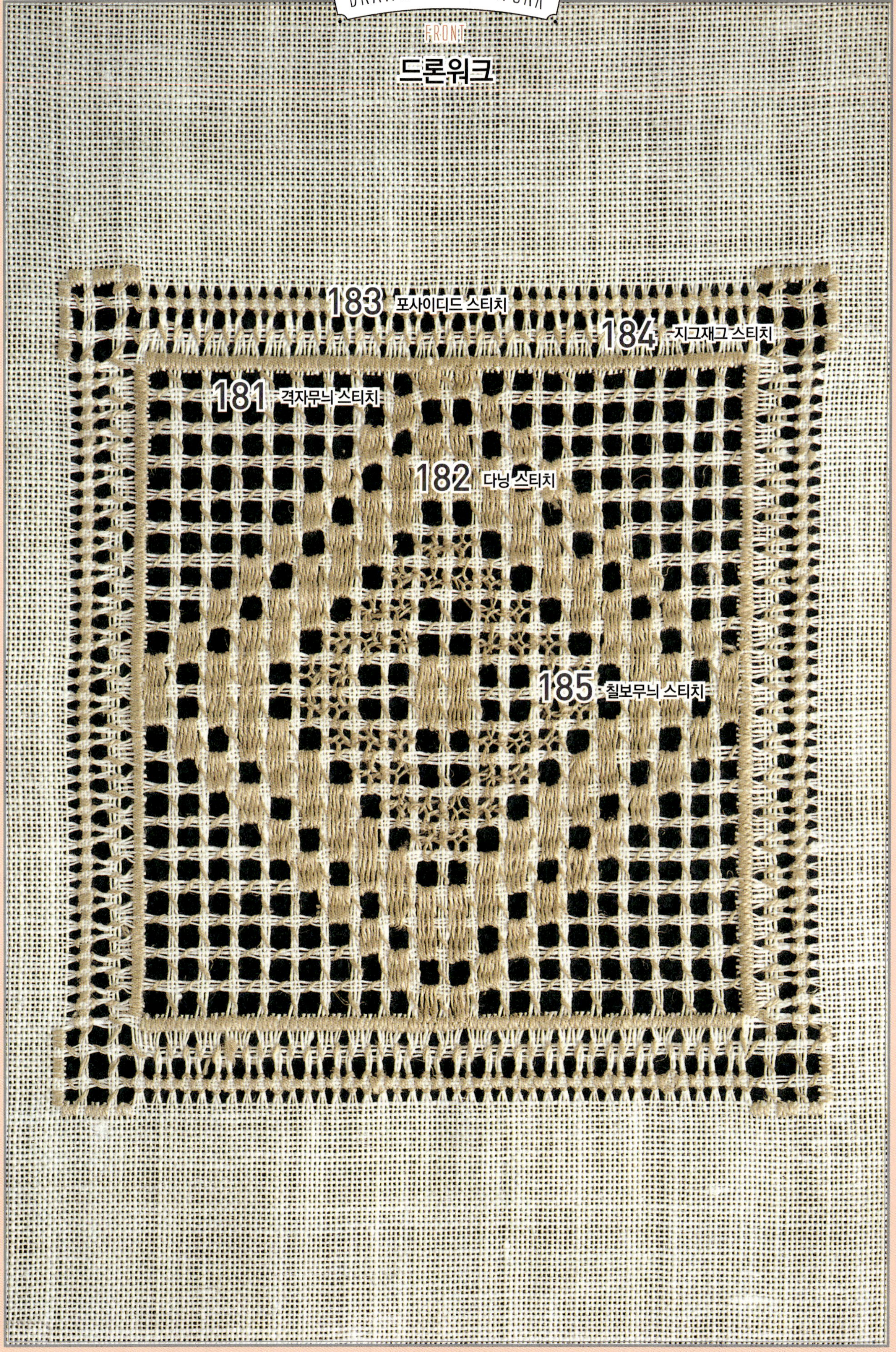
183 포사이디드 스티치
184 지그재그 스티치
181 격자무늬 스티치
182 다닝 스티치
185 칠보무늬 스티치

HOW TO STITCH
BACK

181 우선 새틴 스티치를 하고 나서 그 옆에 가위집을 내고 실을 뽑으세요.

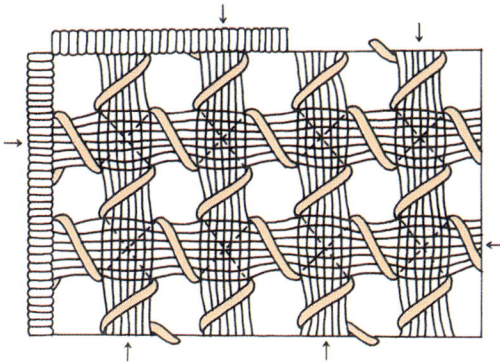

182 격자무늬 스티치를 한 다음에 얽으세요.

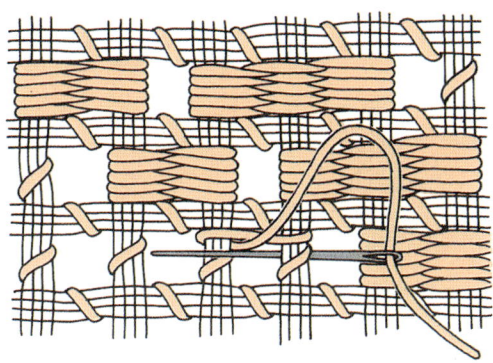

183

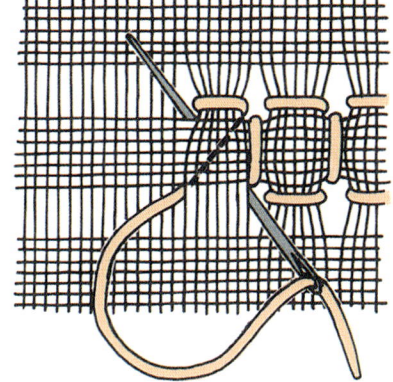

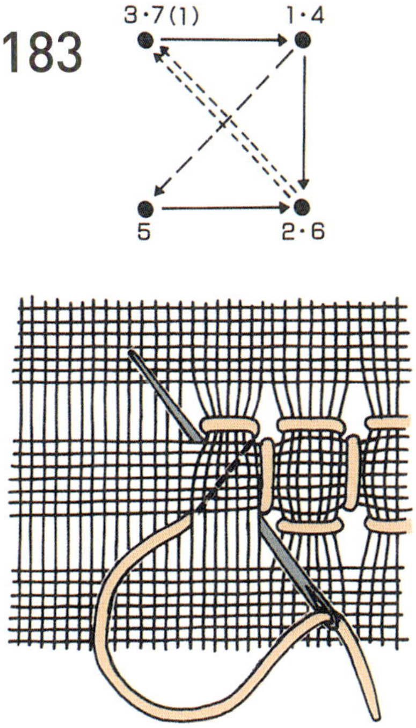

184

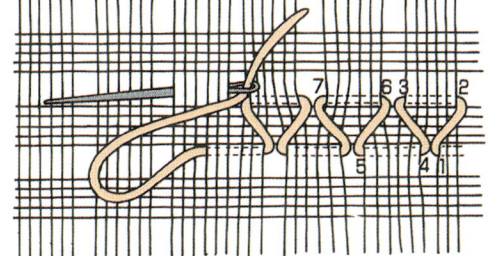

185

옆으로 진행하면 항상 왼쪽에서 오른쪽으로 진행돼요. 따라서 다음 열을 얽을 때는 겉에서 보이지 않도록 날실의 안쪽을 지나야 해요.

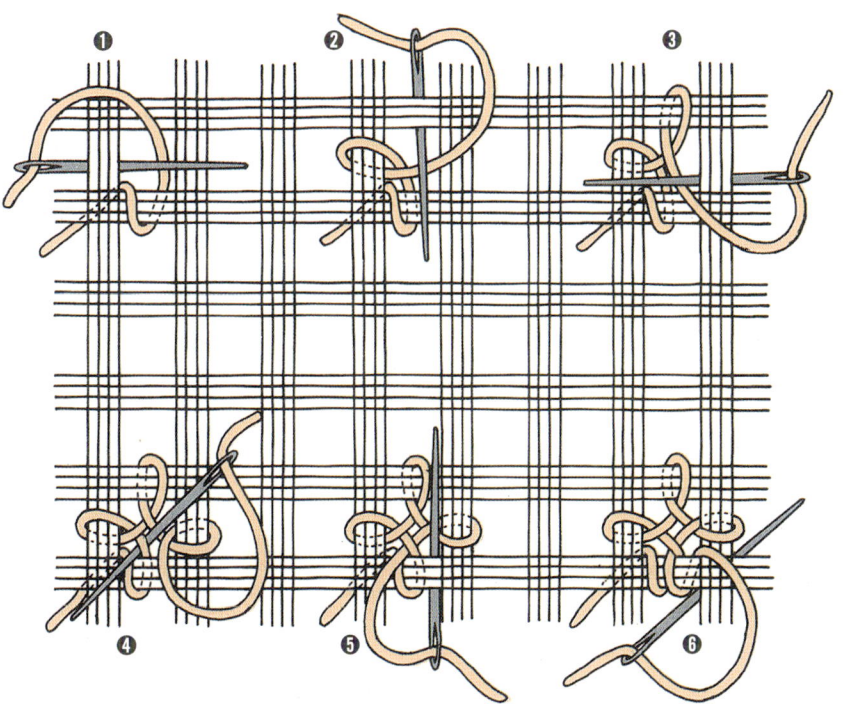

AJOUR EMBROIDERY

아주르 자수
레이스처럼 아름다운 구멍을 뚫은 모양의 자수를 말해요

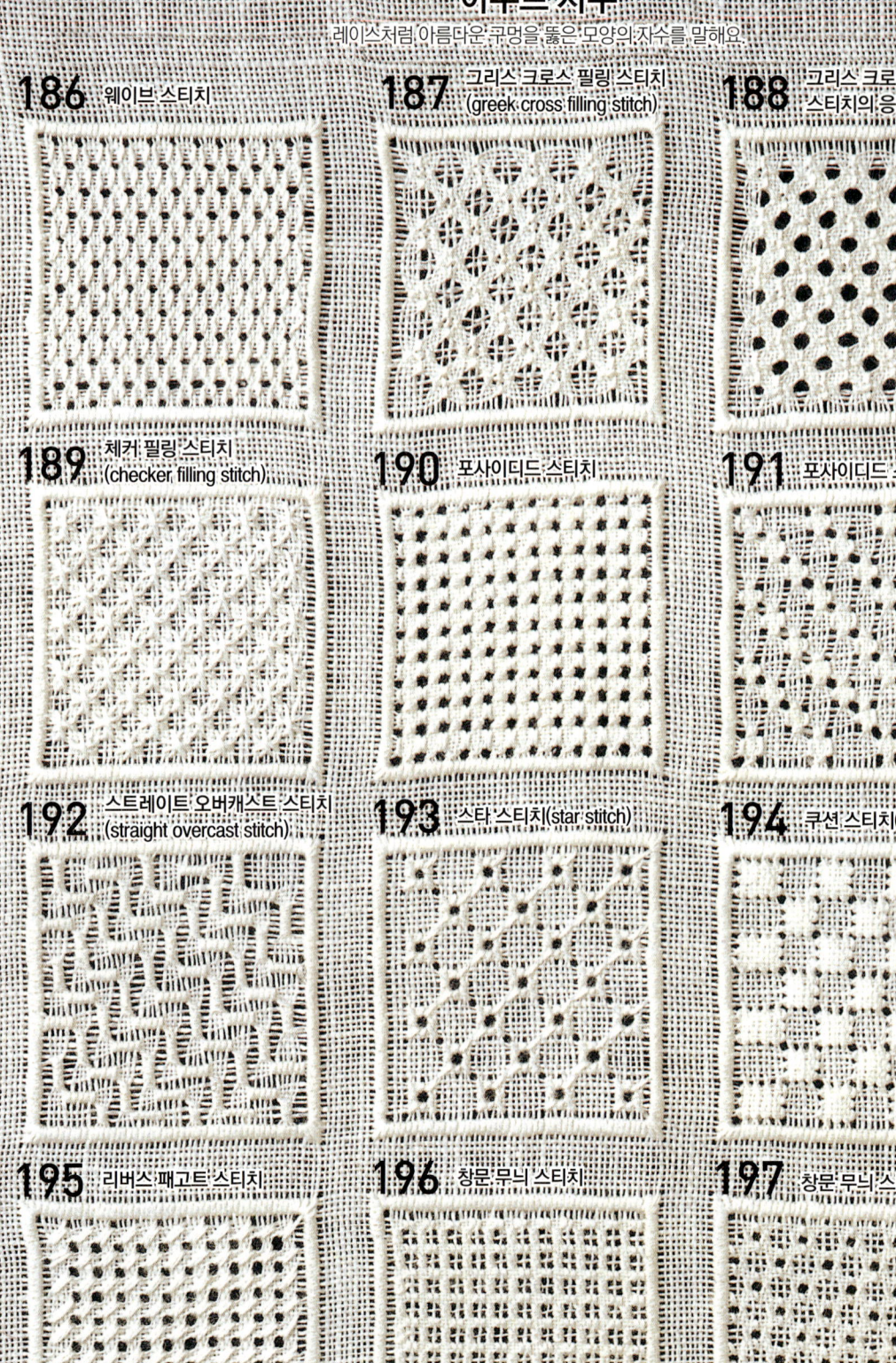

186 웨이브 스티치
187 그리스 크로스 필링 스티치 (greek cross filling stitch)
188 그리스 크로스 필링 스티치의 응용
189 체커 필링 스티치 (checker filling stitch)
190 포사이디드 스티치
191 포사이디드 스티치의 응용
192 스트레이트 오버캐스트 스티치 (straight overcast stitch)
193 스타 스티치 (star stitch)
194 쿠션 스티치 (cushion stitch)
195 리버스 패고트 스티치
196 창문 무늬 스티치
197 창문 무늬 스티치의 응용

HOW TO STITCH
BACK

186 실을 강하게 당기면서 진행하세요.

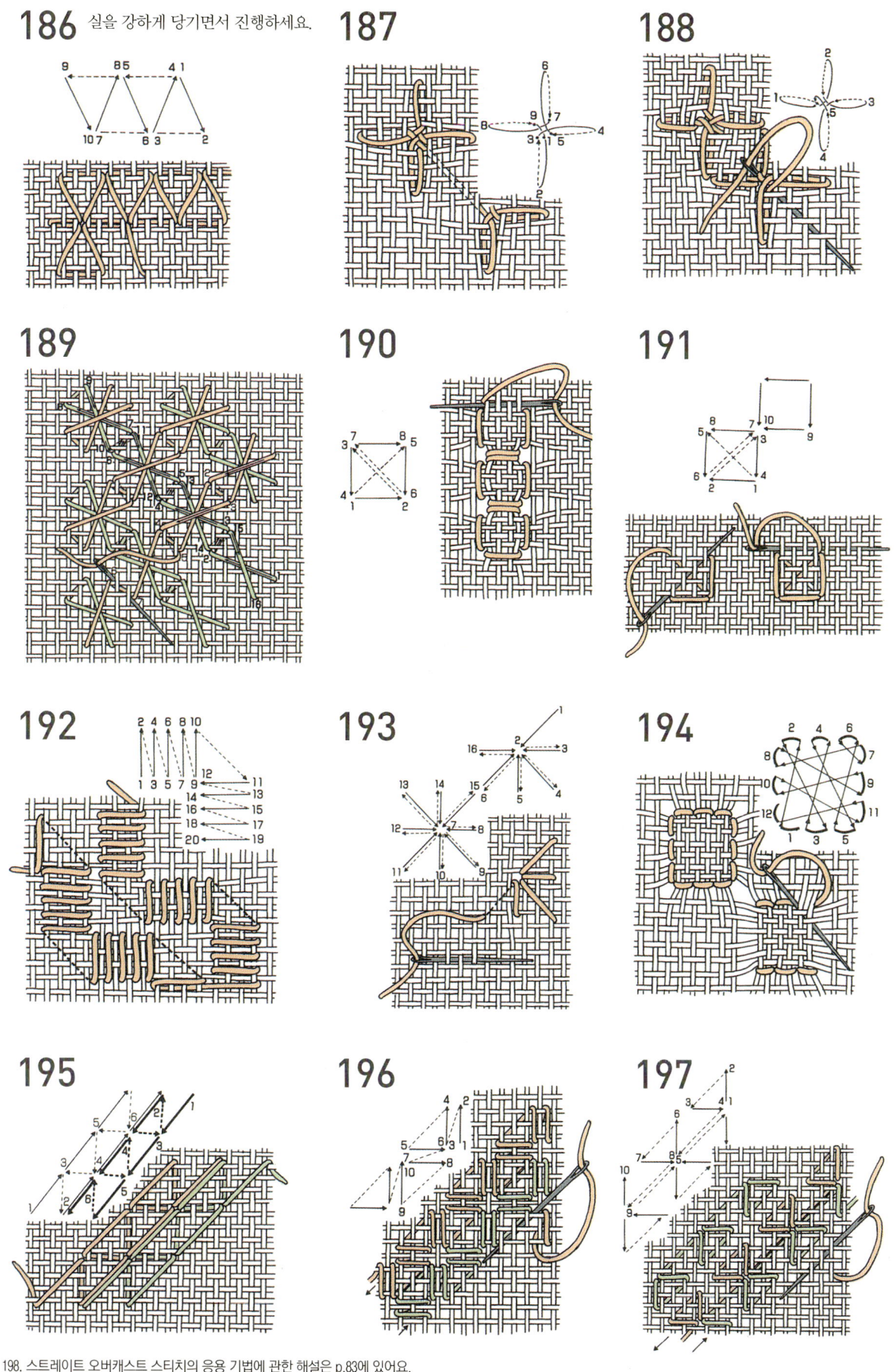

198. 스트레이트 오버캐스트 스티치의 응용 기법에 관한 해설은 p.83에 있어요.

하덴거 자수

실의 올을 뽑아낸 뒤 남은 실가락을 묶거나 테두리 부분을 수놓고
가운데 부분을 잘라내는 자수 기법이에요.

199 다닝 스티치(darning stitch)

200 다닝 스티치와
칠보무늬 스티치 A

204 다닝 스티치의 응용

201 다닝 스티치와
칠보무늬 스티치 B

205 올을 세면서 진행하는
새틴 스티치

202 스파이더 웹 스티치
(spider web stitch)

207 리버스 패고트 스티치

203 피코 스티치(picot stitch)

206 열십자 무늬 스티치

208 버튼홀 스티치

HOW TO STITCH
BACK

실을 뽑는 방법
우선 새틴 스티치를 한 다음, 스티치 옆에서 날실을 잘라 뽑아 내세요.

199
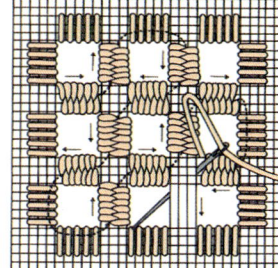

201

200
❶ 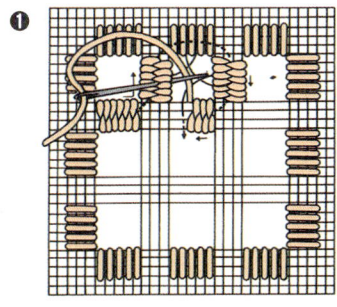 ❷  ❸

202
❶ 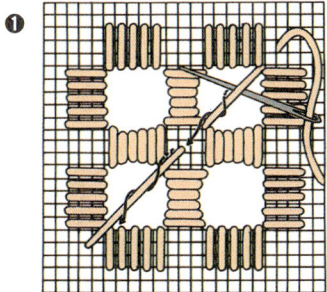 ❷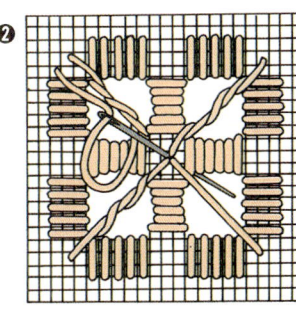

203
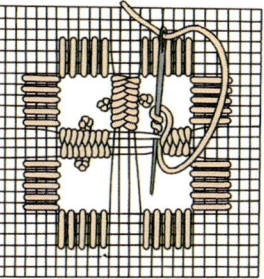

❸ 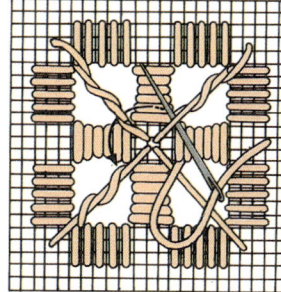 ❹ 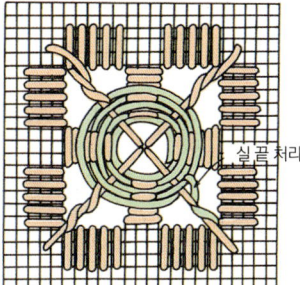 실끝 처리

204
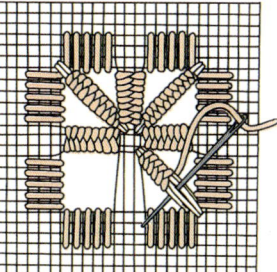

205
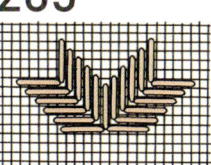

206
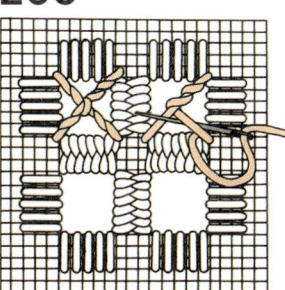

207
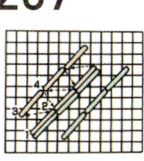

208
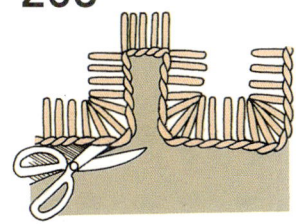

작품의 가장자리에 사용해요.
작품의 둘레를 따라 천의 올에 맞춰서
꼼꼼하게 수를 놓고, 바깥쪽 천은
스티치 옆에서 잘라내요.

HOW TO STITCH
BACK

두꺼운 종이에 도안을 그려 놓고, 그 위에 망사를 얹어서 꼼꼼하게
시침질을 해 주세요. 도안선을 따라 망사의 그물을 떠서
다닝 스티치를 합니다. 자수가 끝나면 2cm 정도 되돌아오면서
바늘땀에 실을 얽어 주세요.

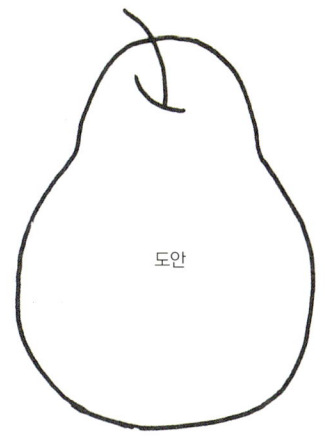

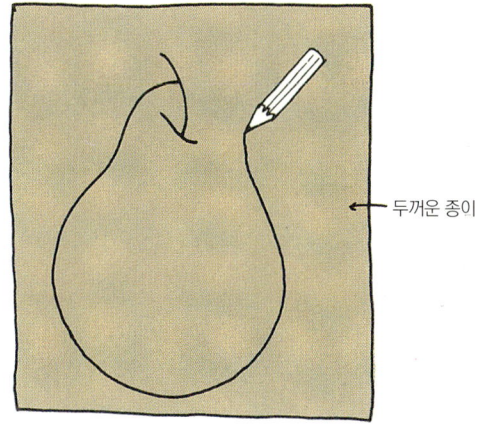 ← 두꺼운 종이

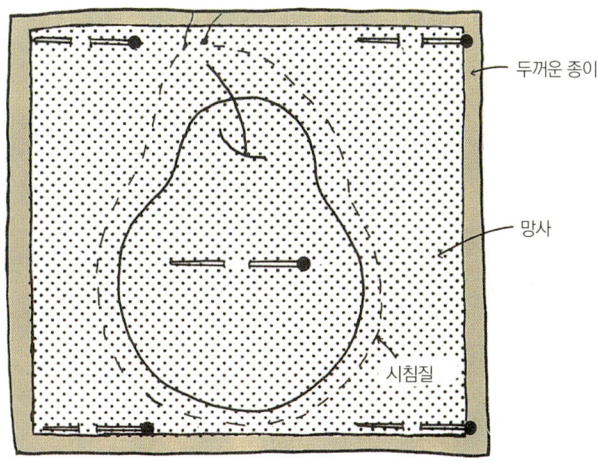
두꺼운 종이 / 망사 / 시침질

209 도안선을 따라 다닝 스티치를 해요.

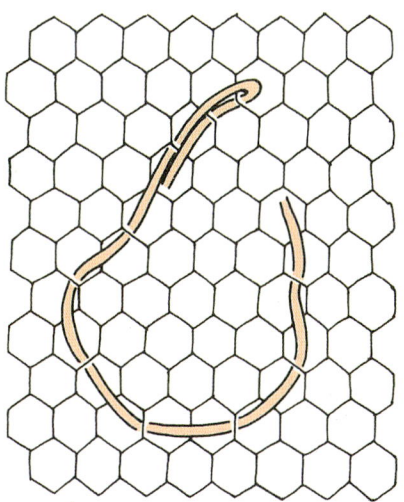

210 망사의 그물을 한 코씩 떠서 면을 채워요.

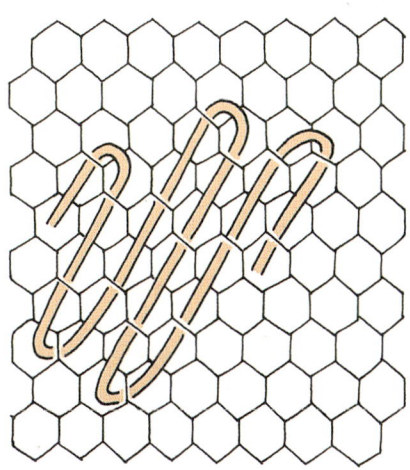

211 한 줄을 건너뛰면서 면을 채워요.

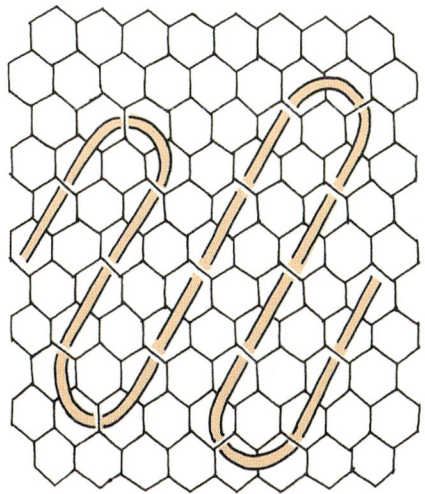

PATCHWORK
FRONT

패치워크
작거나 큰 조각천을 이어붙이는 것을 말해요.

212
패치워크 A

213
패치워크 B

HOW TO STITCH
BACK

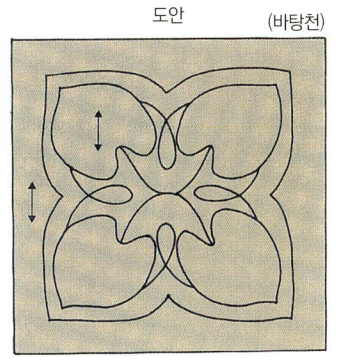
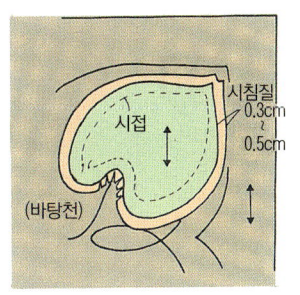

얇은 리넨을 사용하세요.
도안에 맞춰서 약 5mm의 시접을 남기고
천을 자른 다음, 꼼꼼하게 시침질을 해요.
천의 올과 바탕천의 올을 맞추세요.
서로 어긋나지 않게 정성껏
시침질을 해야 해요. 바늘은 천이나
실에 비해 굵은 것을 사용해요.

212 같은 구멍에 바늘을 넣고, 실을 조금 강하게 당겨가며 진행합니다.

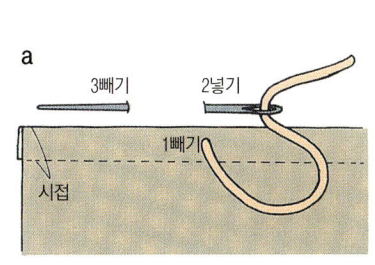
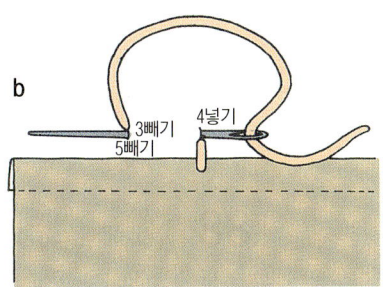
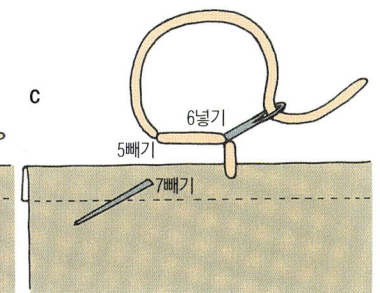

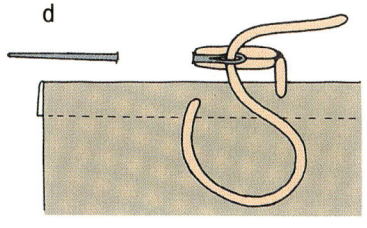
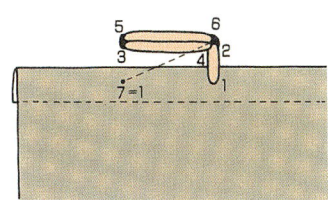
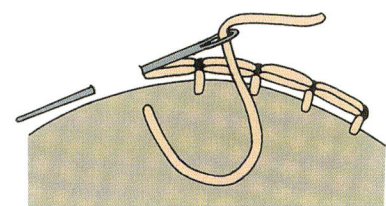

213 선을 표현할 때 사용하는 기법입니다.

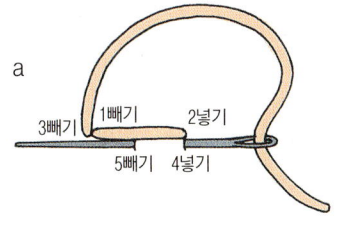
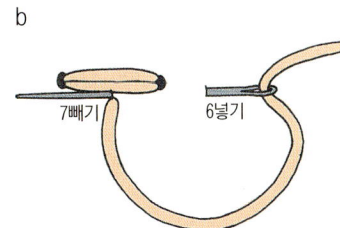

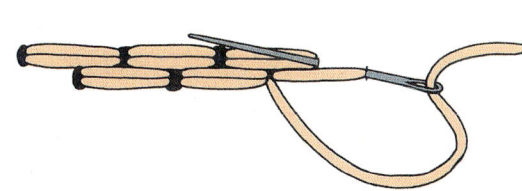

섀도 스티치

얇은 천에 하는 스티치로 보통 천 뒷면에 떠요.
비치는 효과를 노린 기법이에요.

214 클로즈드 헤링본 스티치

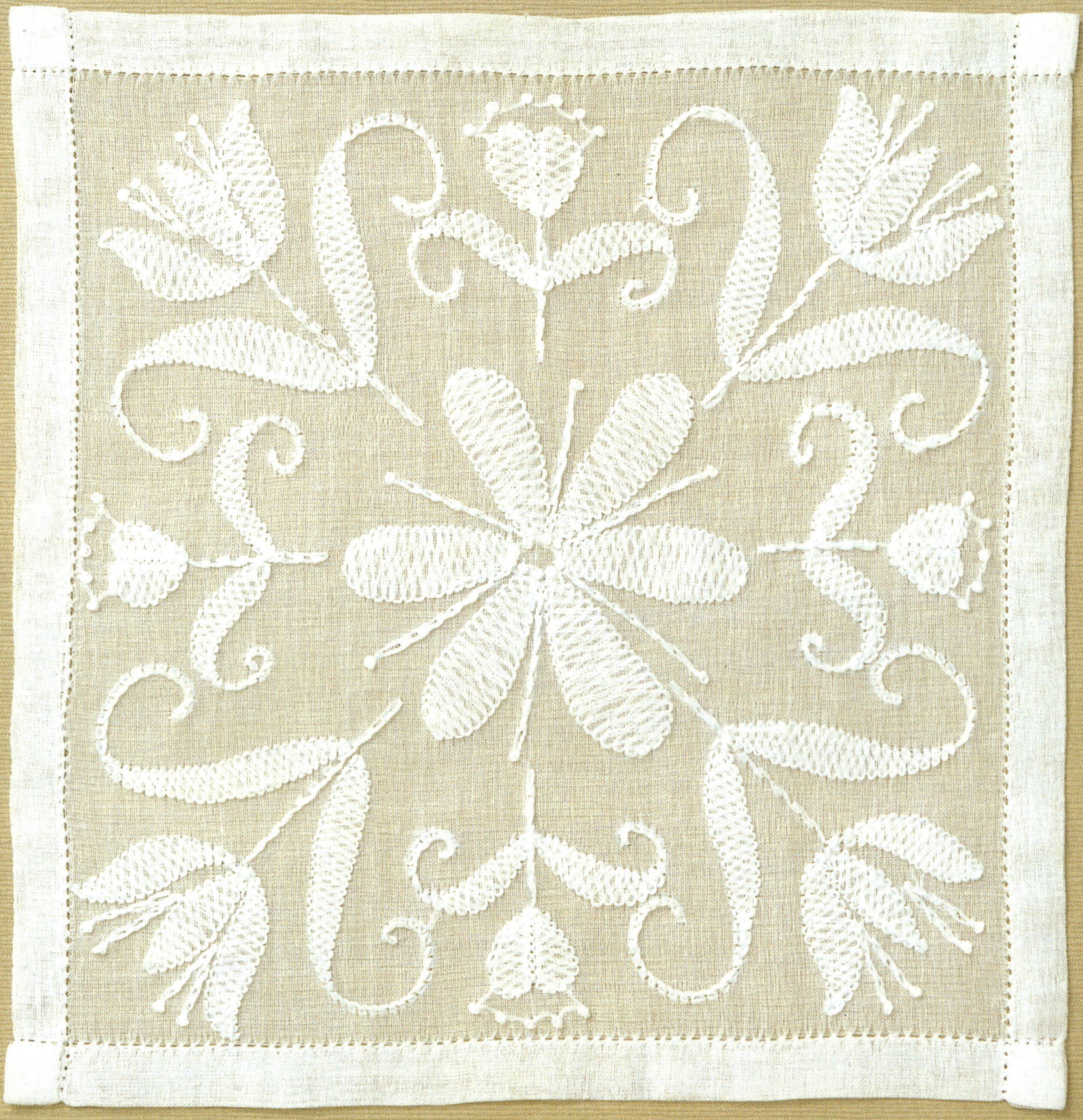

HOW TO STITCH
BACK

아주 얇은 오건디(organdie) 천을 사용해요.
도안은 작품 안쪽에 그리고, 안쪽에서 클로즈드 헤링본 스티치를 합니다.
다른 스티치는 겉에서 진행해요. 천이 얇아서 잘 비치기 때문에 실의 처음과 끝 처리에 주의해야 합니다.

214

도안을 그리는 방법
(안)

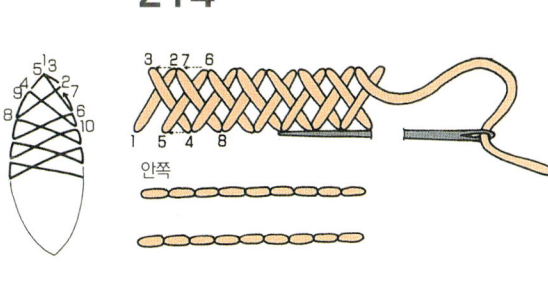

안쪽

실물 크기

프렌치 노트 스티치
아우트라인 스티치
클로즈드 헤링본 스티치

SMOCKING
FRONT

스모킹

천에 잔주름을 잡고 장식스티치를 하거나
자수천 올 사이사이로 실을 넣어가며 여미고 꿰맨 장식 주름을 말해요.

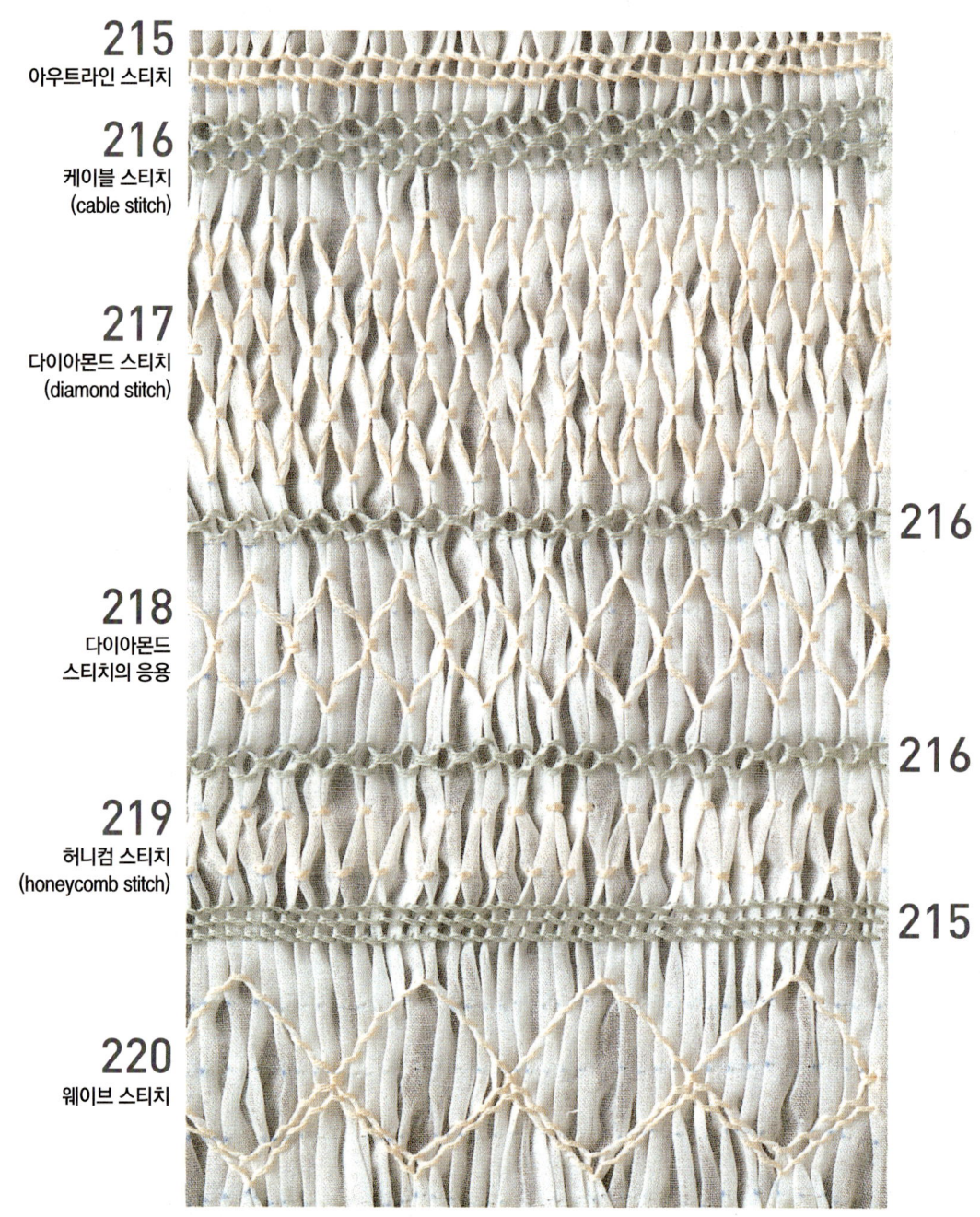

215 아우트라인 스티치

216 케이블 스티치 (cable stitch)

217 다이아몬드 스티치 (diamond stitch)

218 다이아몬드 스티치의 응용

219 허니컴 스티치 (honeycomb stitch)

220 웨이브 스티치

완성작보다 약 3배 정도 긴 천을 준비하세요. 간격이 일정한 시침질을 몇 단 떠서 주름을 만든 다음에 자수를 시작해요.

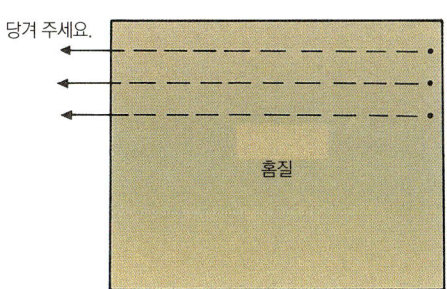

215 이 스티치는 폭이 넓지 않기 때문에 바늘땀의 옆이나 여러 줄씩 겹쳐서 진행할 때 사용해요.

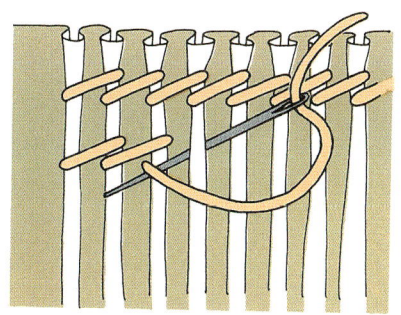

216
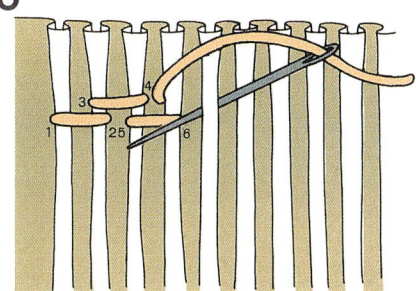

217
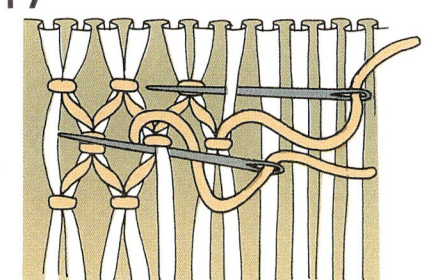

218
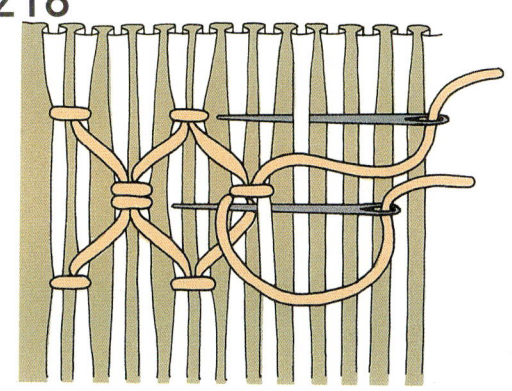

219
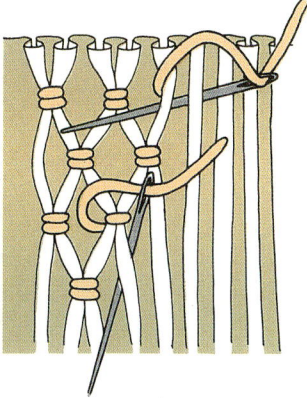

220
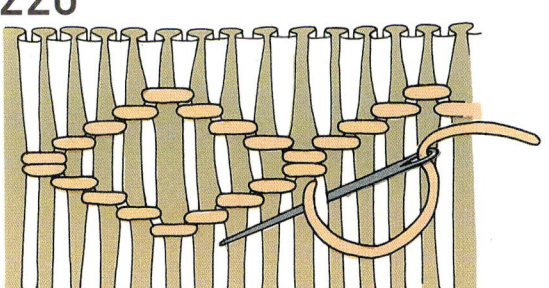

198 스트레이트 오버캐스트 스티치의 응용 (p.72~73 참고)
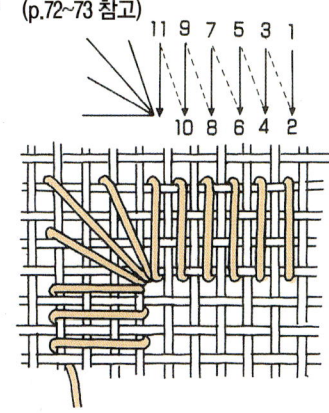

자수를 시작하기 전에 알아 두세요.

자수실을 준비하세요.

자수실에 감겨 있는 라벨은 버리지 말고 갖고 있어야 해요. 만약에 수를 놓다가 실이 부족해지면 그 라벨에 표시된 번호를 보고 똑같은 실을 구입하세요. 자수실은 같은 색처럼 보여도 번호마다 색이 미묘하게 달라서 반드시 번호를 확인해야 합니다. 두꺼운 종이에 구멍을 뚫어서 사용한 실의 견본을 묶고, 그 옆에 실 번호를 적어 두면 나중에 다시 구입할 때 매우 편리해요. 작은 조각으로 자른 바탕천도 함께 붙여 두면 도움이 됩니다.

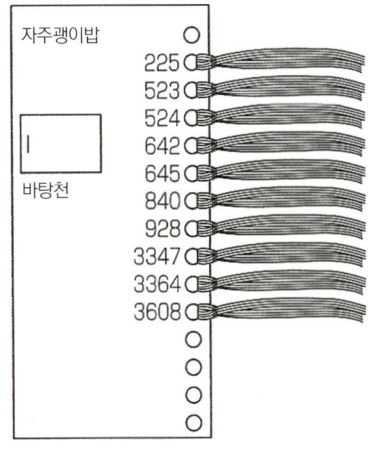

마무리는 이렇게 하세요.

1. 다림질을 할 경우

다림판 위에 깨끗한 수건을 2장 겹쳐서 깔고, 그 위에 수를 놓은 천을 뒤집어서 놓아요. 천에 물을 분무하고 곧바로 다림질을 합니다. 스팀을 켜지 않은 다리미로 자수 부분을 펴듯이 다려요.

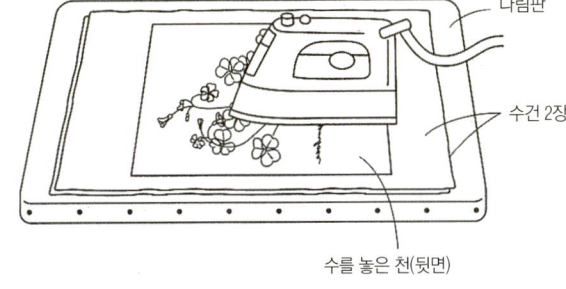

2. 액자용 작품을 판에 펴서 말릴 경우

하얀 광목이나 무명 등을 물에 적셔서 판 위에 평평하게 깔아요. 그 위에 수를 놓은 천을 겉이 위로 가도록 놓고 압정으로 둘레를 고정하여 다 마를 때까지 그대로 둡니다(하루 정도). 특히 오건디처럼 얇은 천이나 아플리케 한 작품은 반드시 이 방법으로 말려야 해요.

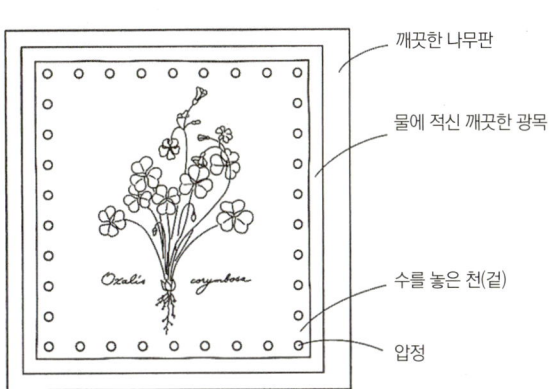

알파벳
SMALL LETTERS

DMC 25번사를 사용했어요. 실은 모두 2올로 진행합니다.

PAGE. 8·9

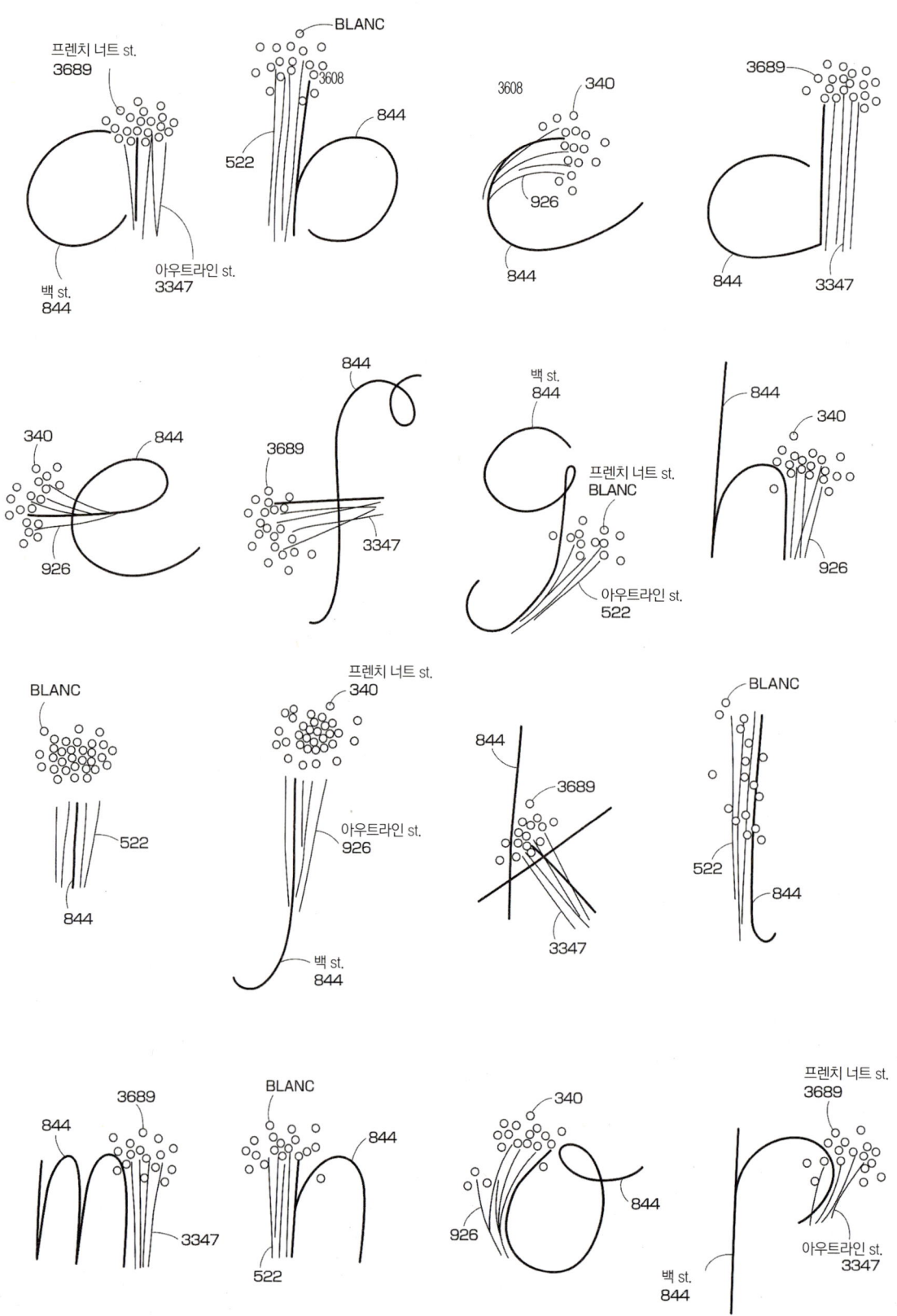

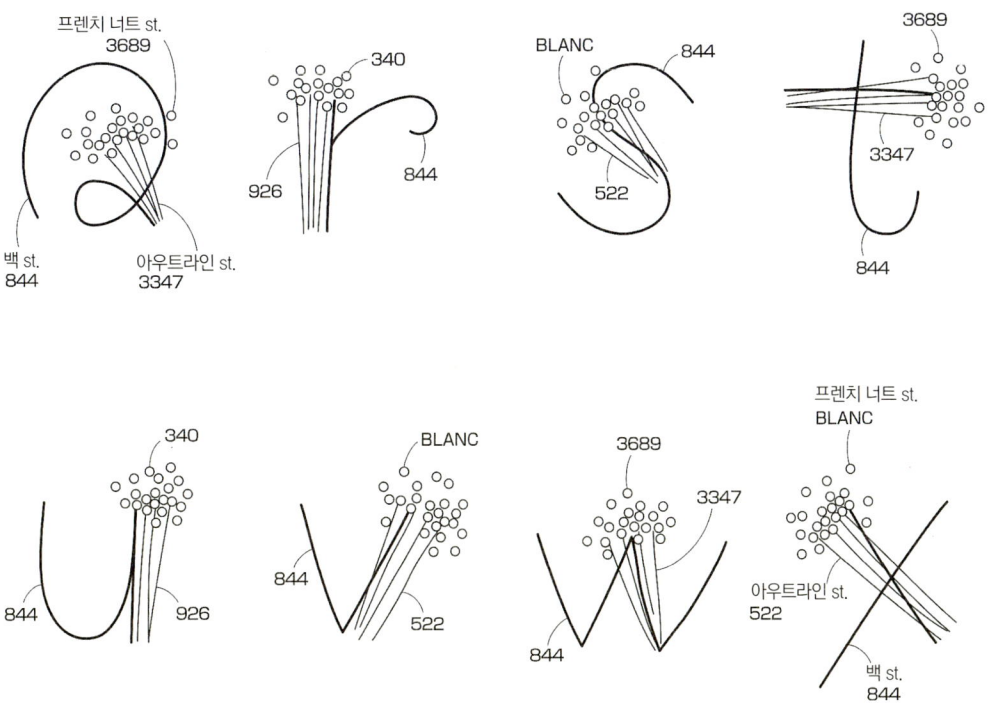
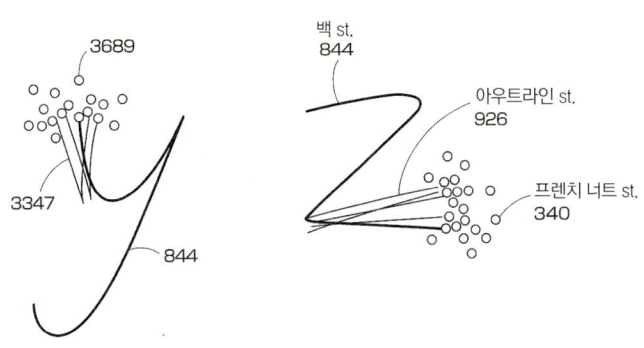
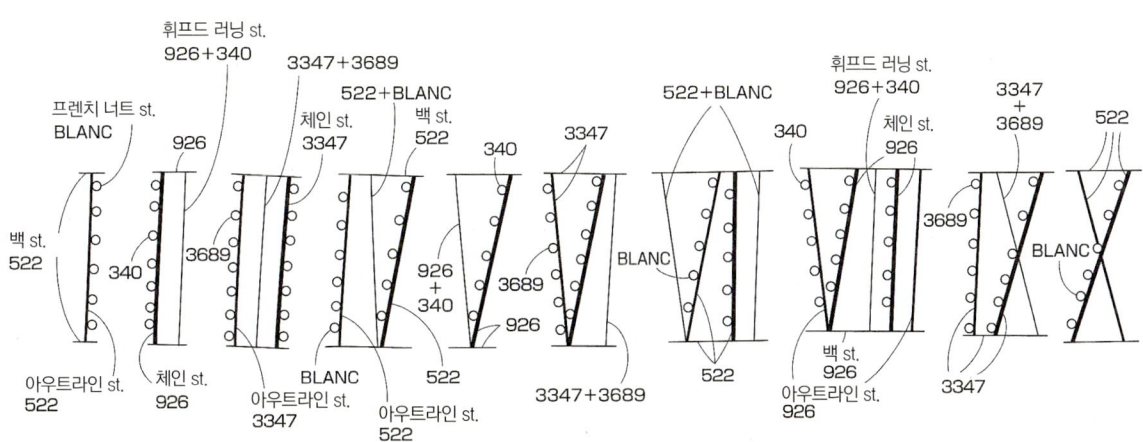

자운영
ASTRAGALUS SINICUS

DMC 25번사를 사용했어요.
○ 안의 숫자는 실의 올 수를 뜻합니다. 지정한 올 수 이외에는 모두 2올로 진행합니다.

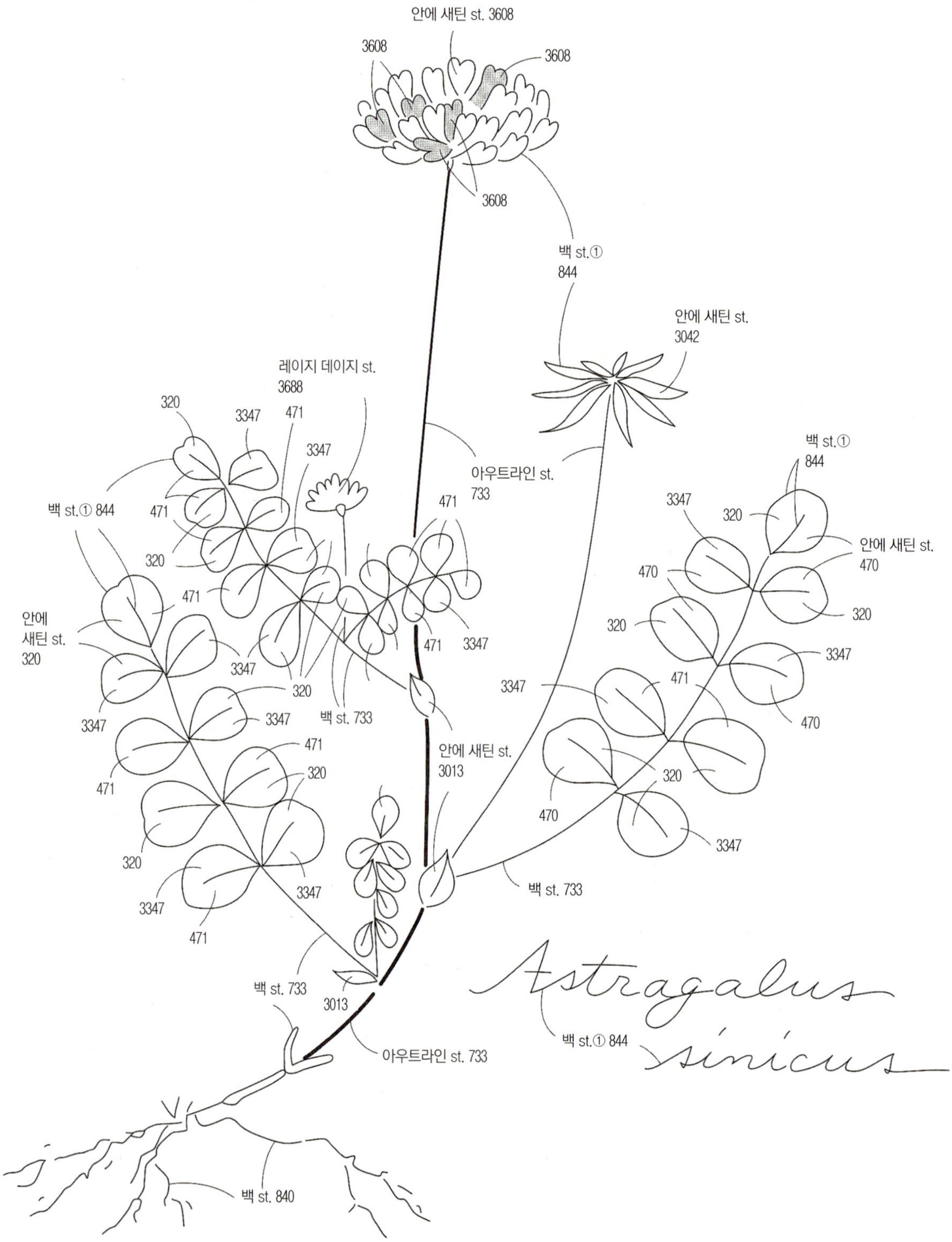

PAGE. 10

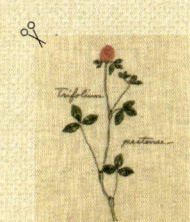

붉은토끼풀

TRIFOLIUM PRATENSE

PAGE. 11

DMC 25번사를 사용했어요.
○ 안의 숫자는 실의 올 수를 뜻합니다. 지정한 올 수 이외에는 모두 2올로 진행합니다.

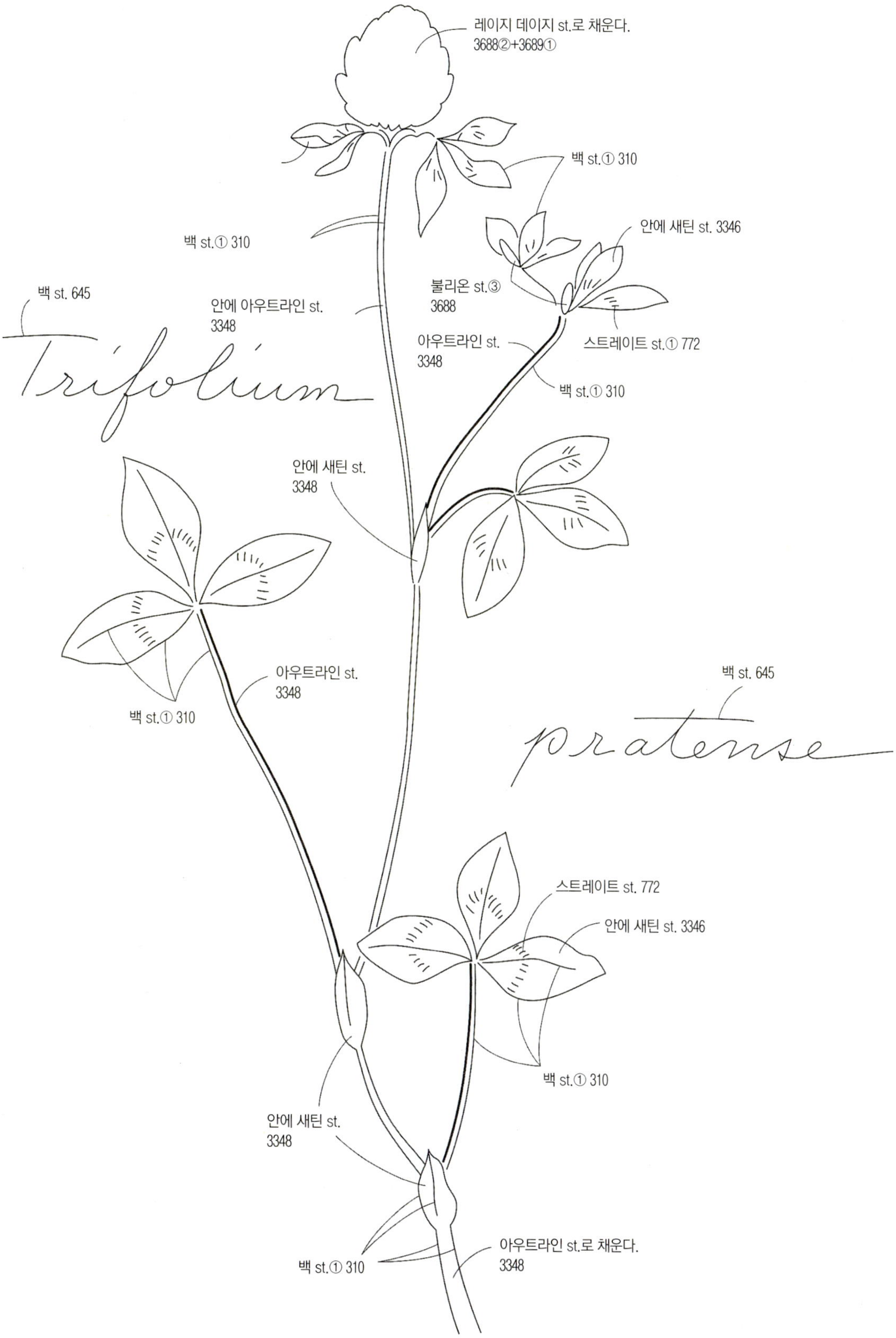

레이지 데이지 st.로 채운다.
3688②+3689①
백 st.① 310
백 st.① 310
안에 새틴 st. 3346
백 st. 645
안에 아우트라인 st.
3348
불리온 st.③
3688
아우트라인 st.
3348
스트레이트 st.① 772
Trifolium
백 st.① 310
안에 새틴 st.
3348
아우트라인 st.
3348
백 st.① 310
백 st. 645
pratense
스트레이트 st. 772
안에 새틴 st. 3346
백 st.① 310
안에 새틴 st.
3348
백 st.① 310
아우트라인 st.로 채운다.
3348

매발톱꽃
AQUILEGIA BUERGERIANA

DMC 25번사를 사용했어요.
○ 안의 숫자는 실의 올 수를 뜻합니다. 지정한 올 수 이외에는 모두 2올로 진행합니다.

PAGE. 12

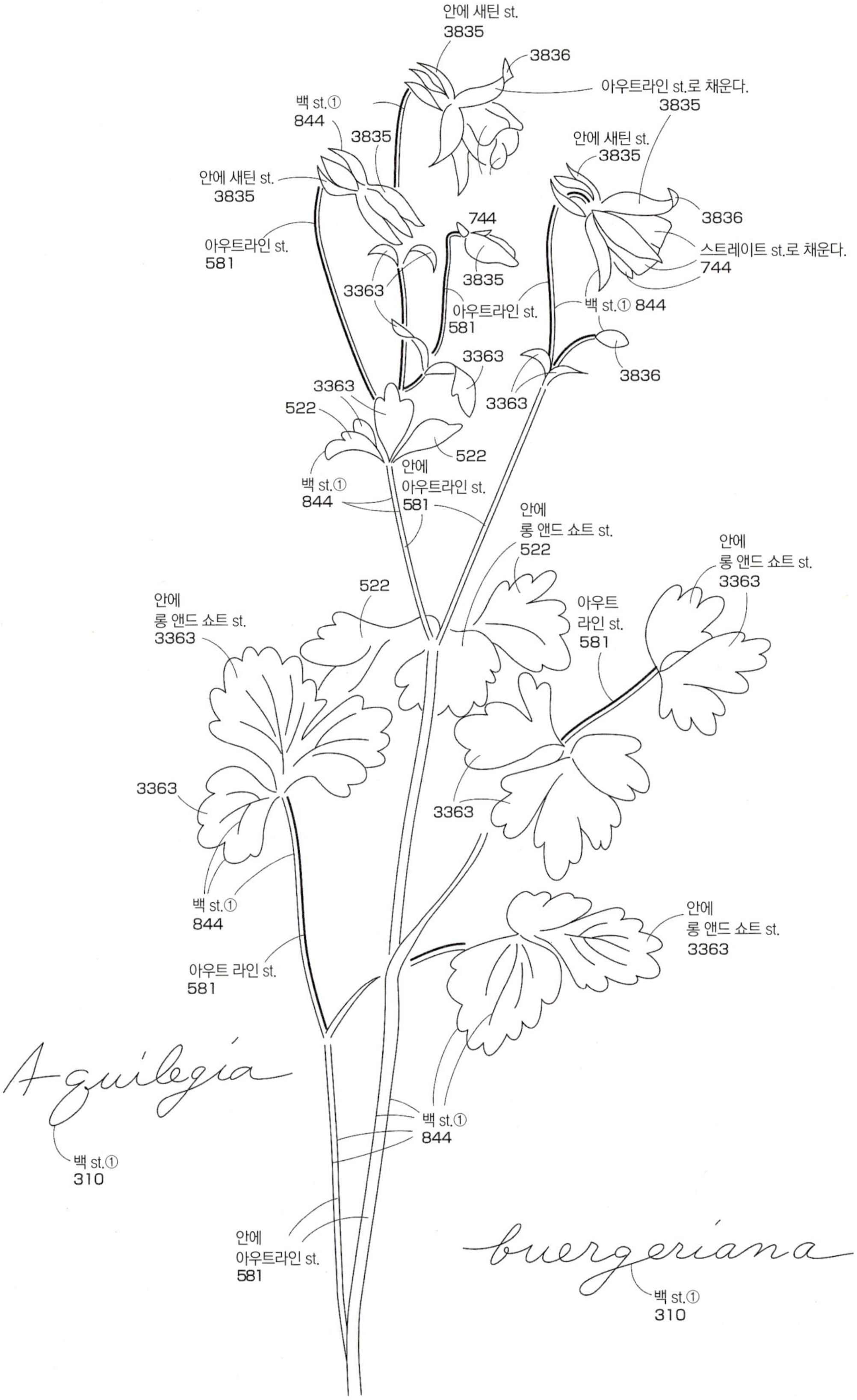

안에 새틴 st.
3835

3836

백 st.①
844

아우트라인 st.로 채운다.
3835

3835

안에 새틴 st.
3835

안에 새틴 st.
3835

3836

아우트라인 st.
581

스트레이트 st.로 채운다.
744

744

3363

3835

아우트라인 st.
581

백 st.① 844

3363

3836

3363
522

3363

522

안에
아우트라인 st.
581

백 st.①
844

안에
롱 앤드 쇼트 st.
522

안에
롱 앤드 쇼트 st.
3363

안에
롱 앤드 쇼트 st.
3363

522

아우트
라인 st.
581

3363

3363

안에
롱 앤드 쇼트 st.
3363

백 st.①
844

아우트 라인 st.
581

Aquilegia

백 st.①
844

백 st.①
310

안에
아우트라인 st.
581

buergeriana

백 st.①
310

뱀딸기 / 벌노랑이
DUCHESNEA INDICA / LOTUS CORNICULATUS

DMC 25번사를 사용했어요.
○ 안의 숫자는 실의 올 수를 뜻합니다. 지정한 올 수 이외에는 모두 2올로 진행합니다.

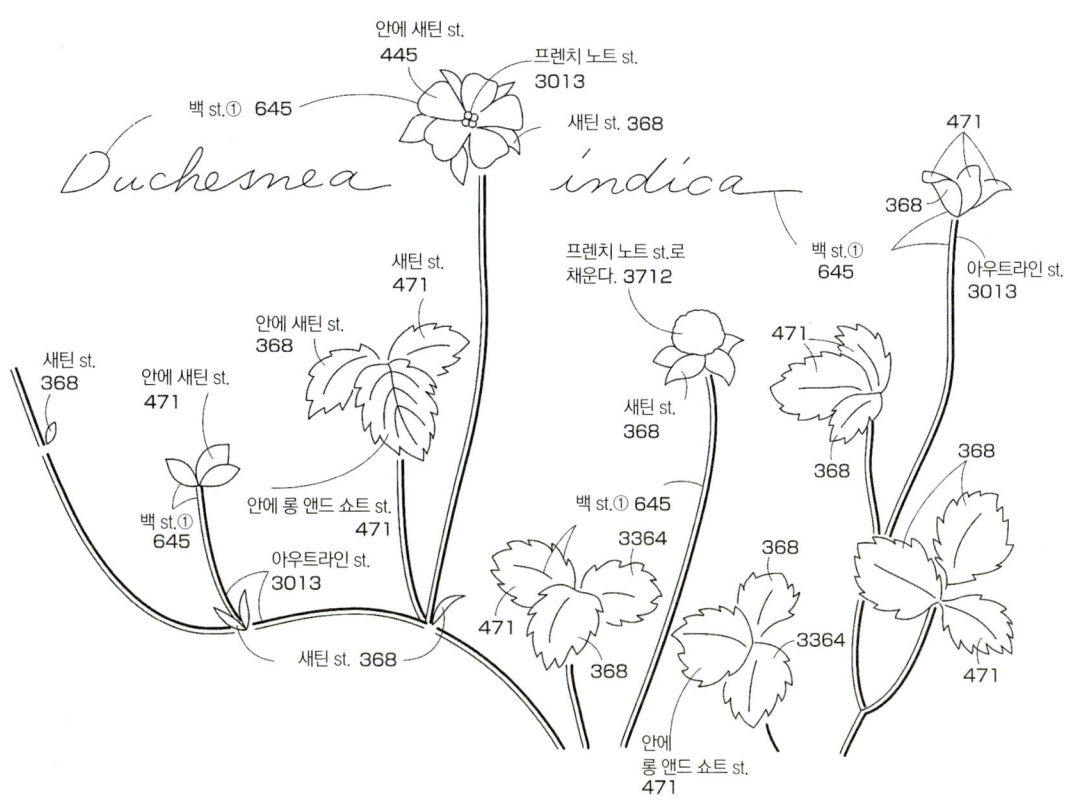

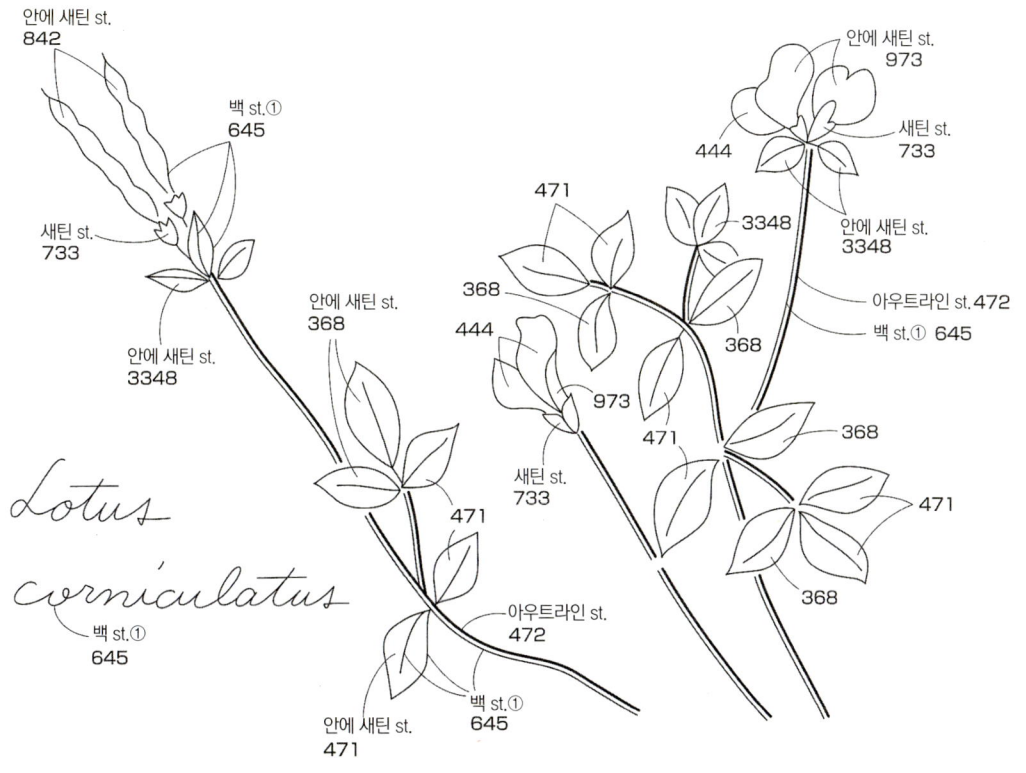

갯메꽃 / 갈퀴꼭두서니
CALYSTEGIA SOLDANELLA

PAGE. 14

DMC 25번사를 사용했어요.
○ 안의 숫자는 실의 올 수를 뜻합니다. 지정한 올 수 이외에는 모두 2올로 진행합니다.

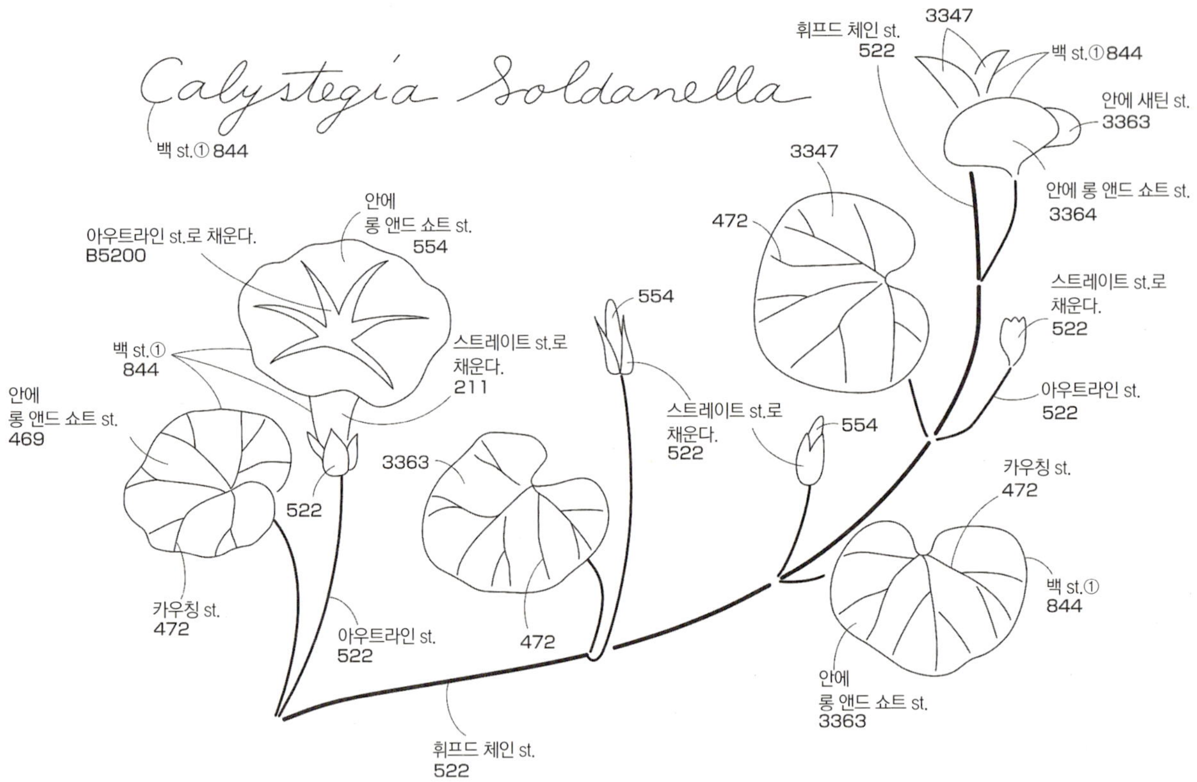

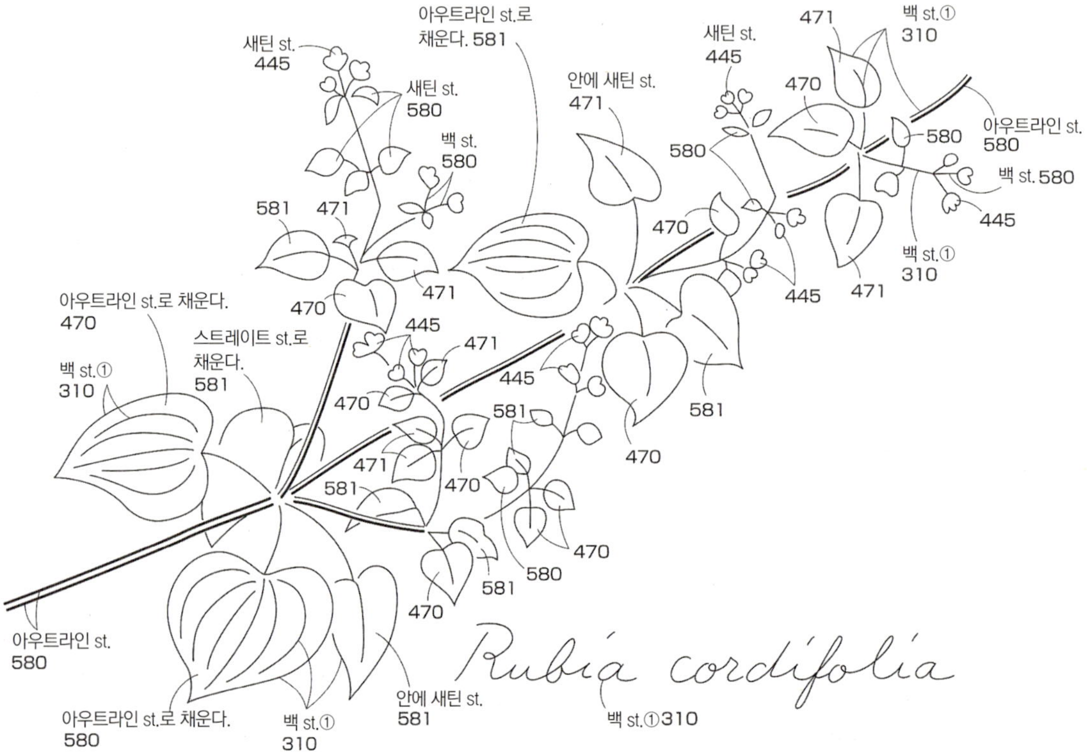

Calystegia Soldanella

백 st.① 844

휘프드 체인 st. 522

3347

백 st.① 844

안에 새틴 st. 3363

아우트라인 st.로 채운다. B5200

안에 롱 앤드 쇼트 st. 554

3347

472

안에 롱 앤드 쇼트 st. 3364

백 st.① 844

스트레이트 st.로 채운다. 211

554

스트레이트 st.로 채운다. 522

안에 롱 앤드 쇼트 st. 469

3363

스트레이트 st.로 채운다. 522

554

아우트라인 st. 522

카우칭 st. 472

522

카우칭 st. 472

아우트라인 st. 522

472

백 st.① 844

안에 롱 앤드 쇼트 st. 3363

휘프드 체인 st. 522

새틴 st. 445

아우트라인 st.로 채운다. 581

새틴 st. 445

백 st.① 310

새틴 st. 580

안에 새틴 st. 471

470

아우트라인 st. 580

백 st. 580

581 471

백 st. 580

580

백 st.① 310

470

445

아우트라인 st.로 채운다. 470

471

445

471

백 st.① 310

백 st.① 310

스트레이트 st.로 채운다. 581

470

445

581

470

581

470

470

581

470

580

581

아우트라인 st. 580

안에 새틴 st. 581

백 st.① 310

Rubia cordifolia

아우트라인 st.로 채운다. 580

백 st.① 310

물매화
PARNASSIA PALUSTRIS

DMC 25번사를 사용했어요.
○ 안의 숫자는 실의 올 수를 뜻합니다. 지정한 올 수 이외에는 모두 2올로 진행합니다.

PAGE. 15

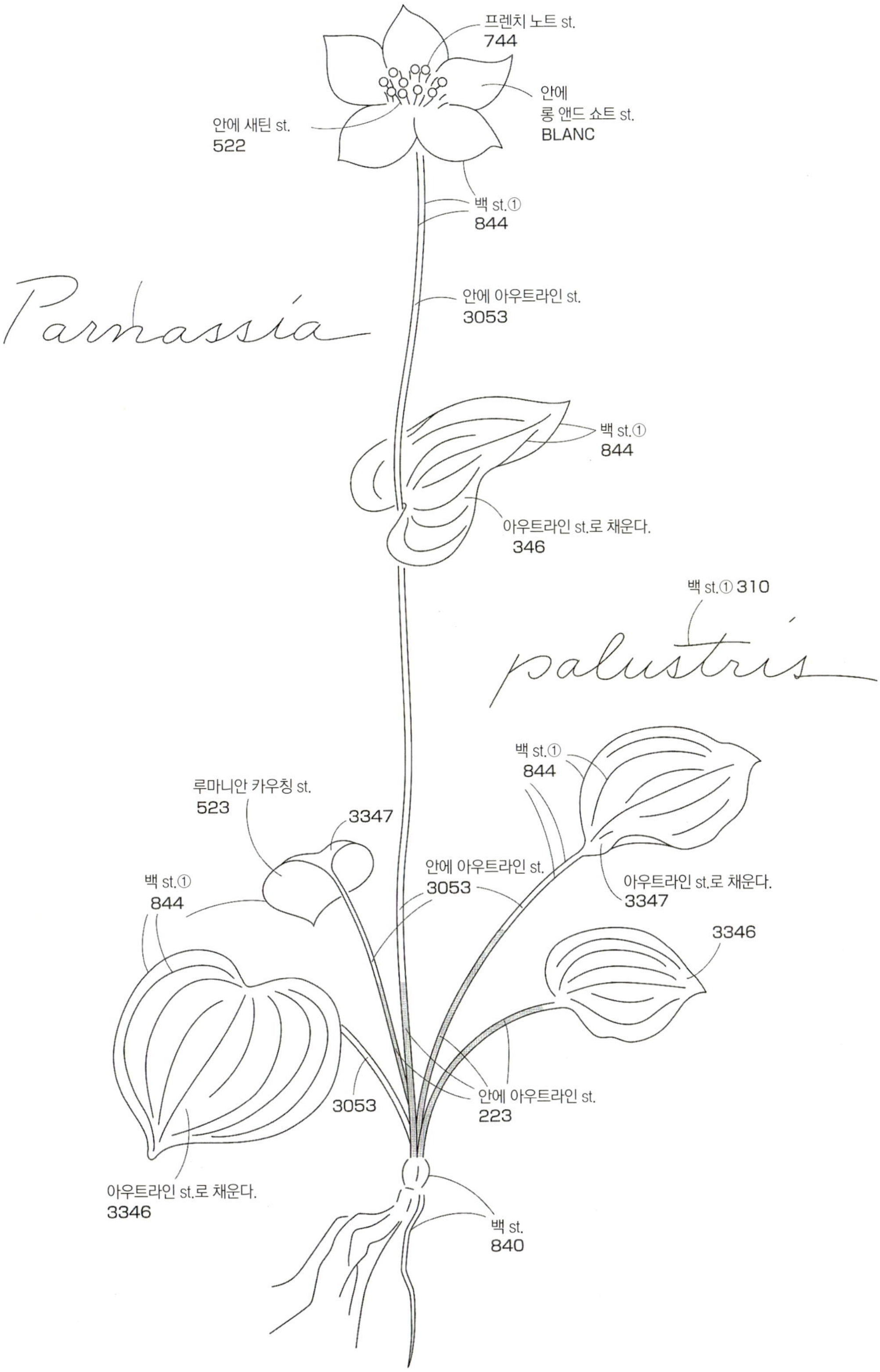

Parnassia palustris

- 프렌치 노트 st. 744
- 안에 새틴 st. 522
- 안에 롱 앤드 쇼트 st. BLANC
- 백 st.① 844
- 안에 아웃라인 st. 3053
- 백 st.① 844
- 아웃라인 st.로 채운다. 346
- 백 st.① 310
- 백 st.① 844
- 아웃라인 st.로 채운다. 3347
- 루마니안 카우칭 st. 523
- 3347
- 백 st.① 844
- 안에 아웃라인 st. 3053
- 3346
- 3053
- 안에 아웃라인 st. 223
- 아웃라인 st.로 채운다. 3346
- 백 st. 840

수염패랭이꽃
DIANTHUS BARBATUS

DMC 25번사를 사용했어요.
○ 안의 숫자는 실의 올 수를 뜻합니다. 지정한 올 수 이외에는 모두 2올로 진행합니다.

PAGE. 16

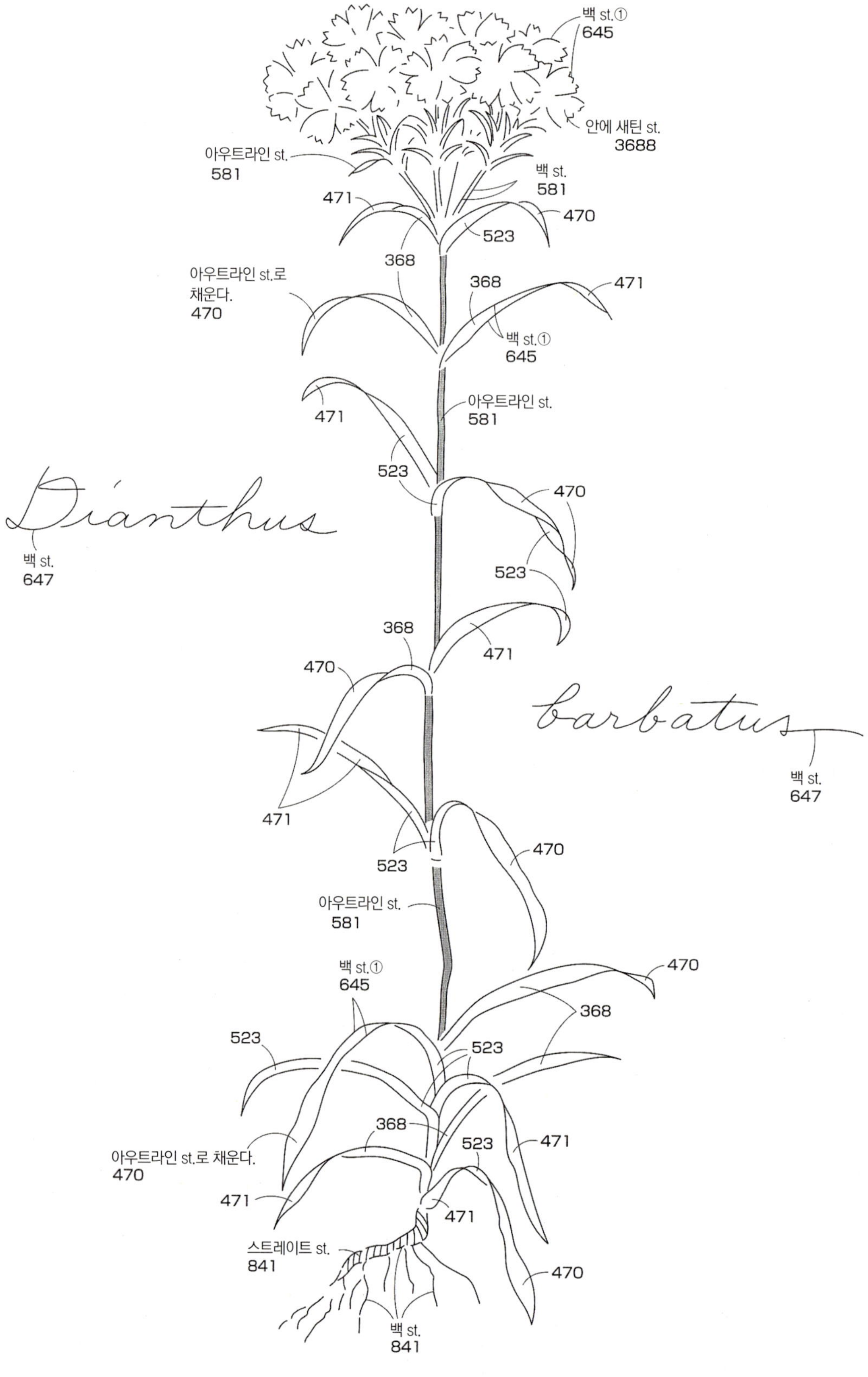

갯무
RAPHANUS SATIVUS

DMC 25번사를 사용했어요.
○ 안의 숫자는 실의 올 수를 뜻합니다. 지정한 올 수 이외에는 모두 2올로 진행합니다.

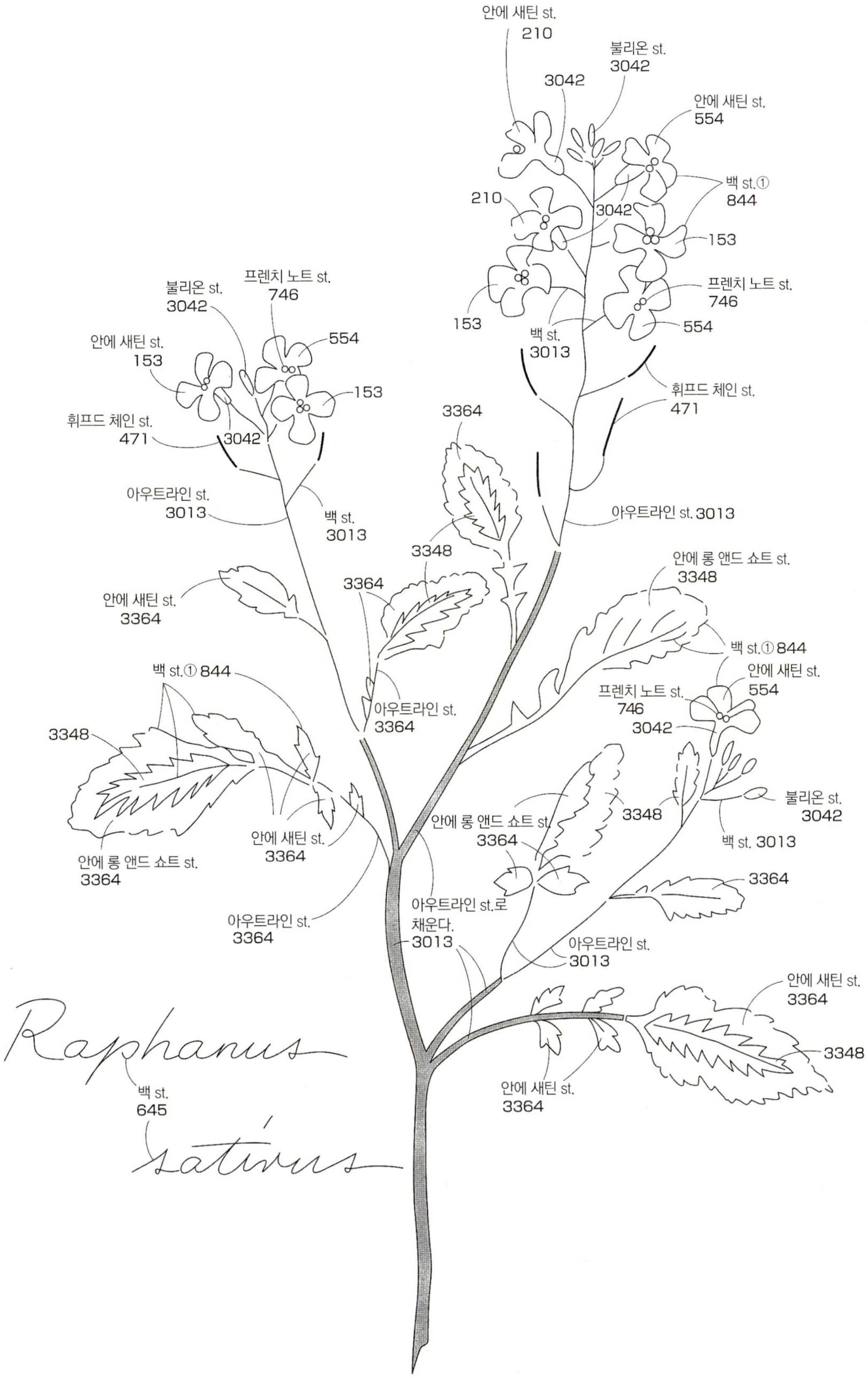

자주괭이밥
OXALIS CORYMBOSA

DMC 25번사를 사용했어요.
○ 안의 숫자는 실의 올 수를 뜻합니다. 지정한 올 수 이외에는 모두 2올로 진행합니다.

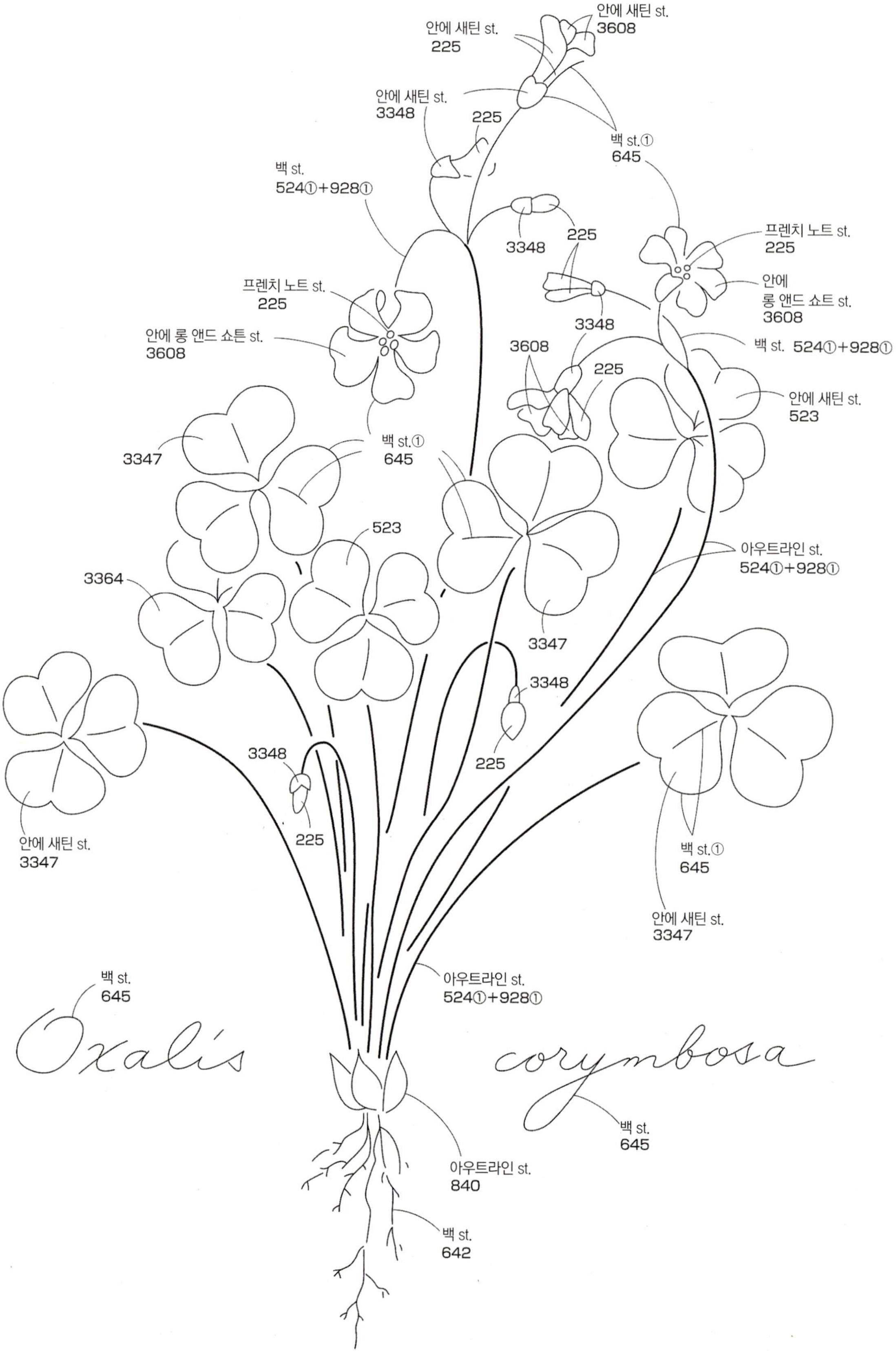

PAGE. 18

안에 새틴 st.
3608

안에 새틴 st.
225

안에 새틴 st.
3348

백 st.①
645

백 st.
524①+928①

프렌치 노트 st.
225

3348 225

3608

안에
롱 앤드 쇼트 st.
3608

프렌치 노트 st.
225

3348

백 st. 524①+928①

안에 롱 앤드 쇼트 st.
3608

3608 225

안에 새틴 st.
523

백 st.①
645

3347

523

아웃라인 st.
524①+928①

3364

3347

3348

3348

225

안에 새틴 st.
3347

백 st.①
645

3348
225

안에 새틴 st.
3347

백 st.
645

아웃라인 st.
524①+928①

Oxalis   corymbosa

백 st.
645

아웃라인 st.
840

백 st.
642

왜승마
CIMICIFUGA JAPONICA

DMC 25번사를 사용했어요.
○안의 숫자는 실의 올 수를 뜻합니다. 지정한 올 수 이외에는 모두 2올로 진행합니다.

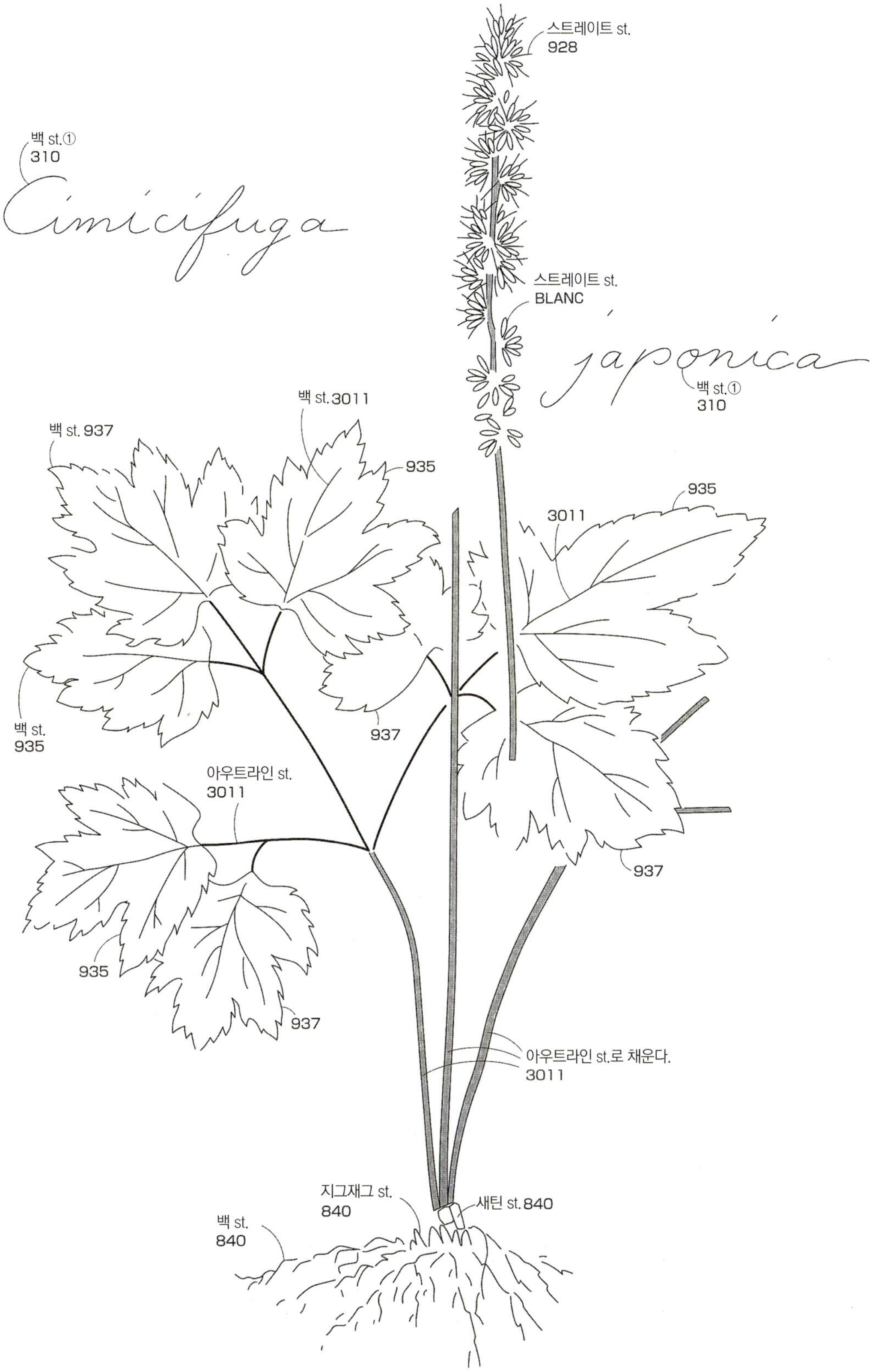

PAGE. 19

- 스트레이트 st. 928
- 백 st.① 310
- 스트레이트 st. BLANC
- 백 st.① 310
- 백 st. 937
- 백 st. 3011
- 935
- 3011
- 935
- 백 st. 935
- 937
- 아우트라인 st. 3011
- 937
- 935
- 937
- 아우트라인 st.로 채운다. 3011
- 지그재그 st. 840
- 새틴 st. 840
- 백 st. 840

알파벳
CAPITAL LETTERS

DMC 25번사를 사용했어요. 실은 모두 2올로 진행합니다.

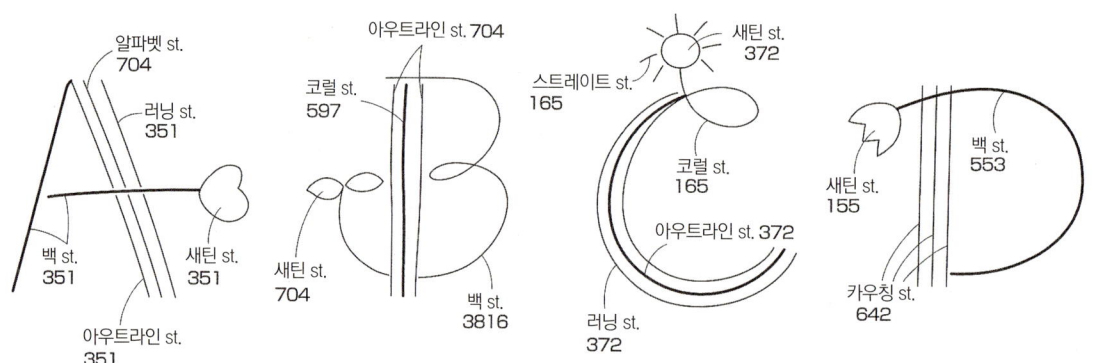

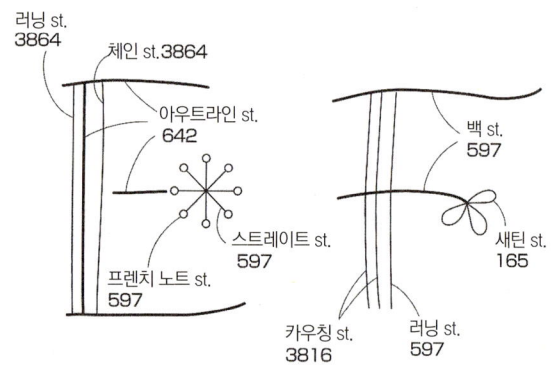

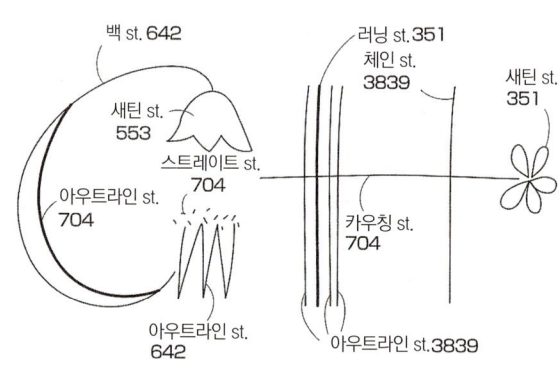

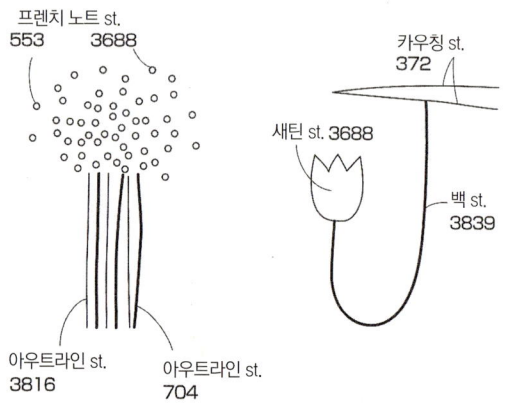

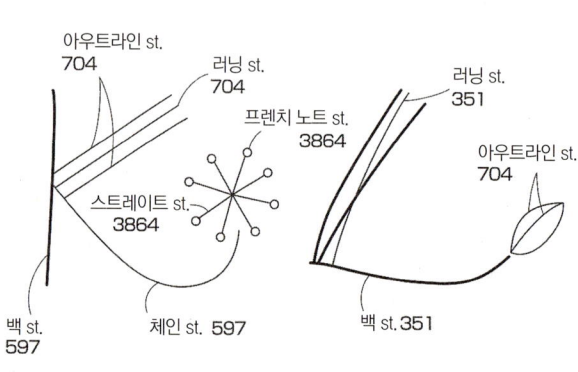

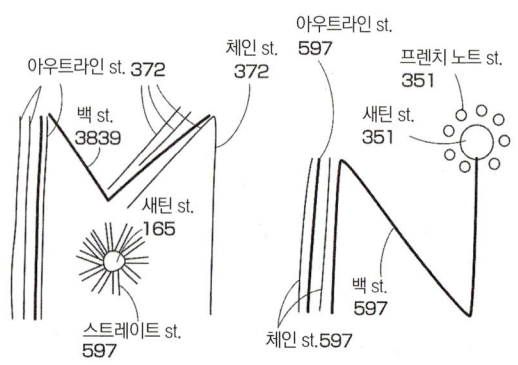

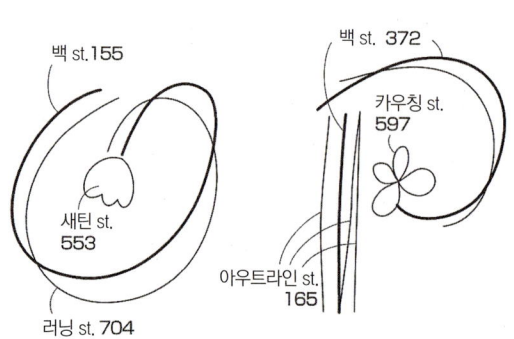

아우트라인 st. 372
백 st. 3688
새틴 st. 597
스트레이트 st. 351
백 st.3839
러닝 st. 597
아우트라인 st. 597
새틴 st. 351
러닝 st. 165
백 st. 372
새틴 st. 704
백 st. 3816
새틴 st. 553
아우트라인 st. 3816
러닝 st. 3816
프렌치 노트 st. 165
스트레이트 st. 597
아우트라인 st. 3839
러닝 st. 155
백 st. 3839
아우트라인 st. 3816
레이지 데이지 st. 553
러닝 st. 3816
카우칭 st. 155
프렌치 노트 st. 165
아우트라인 st. 3864
백 st. 3864
아우트라인 st. 3864
스트레이트 st. 165
아우트라인 st. 642
백 st.642
스트레이트 st. 351
아우트라인 st. 704
러닝 st. 704
백 st. 597
백 st. 597
새틴 st. 165
아우트라인 st. 597
러닝 st. 597
백 st. 642
새틴 st. 351
백 st. 351
아우트라인 st. 642
백 st. 3816
러닝 st. 704
프렌치 노트 st. 3864
지그재그 st. 3816
백 st. 372
체인 st. 165
프렌치 노트 st. 3688
새틴 st. 3688
3688 프렌치 노트 st. 165
스트레이트 st. 3816
백 st. 642
새틴 st. 704
백 st. 597
레이지 데이지 st. 3816
스트레이트 st. 553
백 st. 704
백 st. 642
스트레이트 st. 351
3816
프렌치 노트 st. 155
스트레이트 st. 704
백 st. 3839
프렌치 노트 st. 3688
스트레이트 st. 3816
러닝 st. 597
백 st. 642
레이지 데이지 st. 553
새틴 st. 704
백 st. 642
새틴 st. 351
백 st. 704

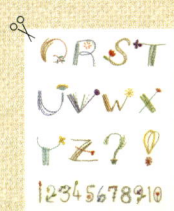

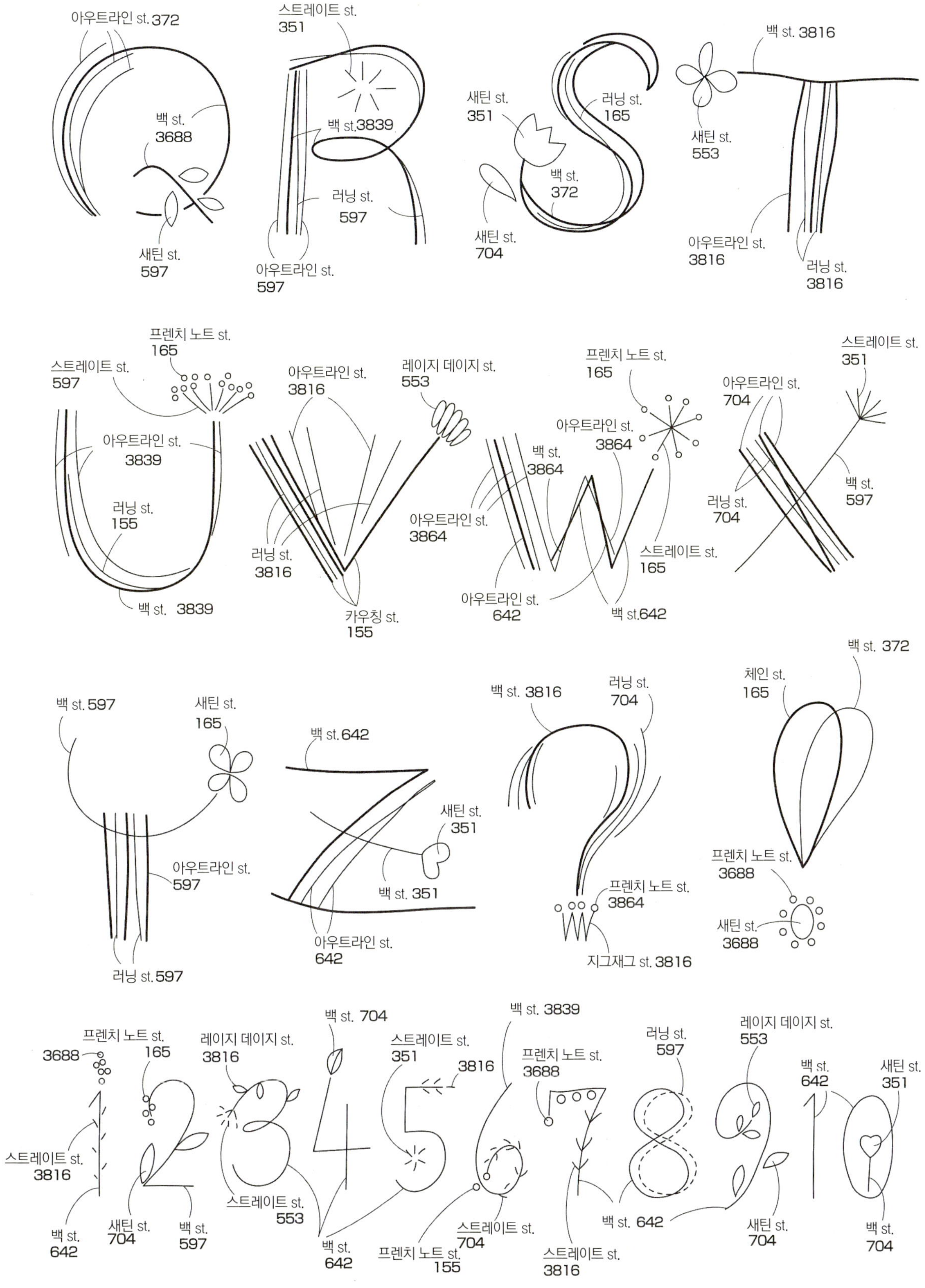

수백 가지 자수 기법 활용 교과서
자수 스티치 220

초판 1쇄 발행 2014년 12월 16일
초판 4쇄 발행 2018년 1월 15일

지은이 사쿠라이 가즈에, 사쿠라이 유코
옮긴이 김현영
감수자 헬렌정(최수정)
펴낸이 김영조
콘텐츠기획팀 홍지은, 신수연
마케팅팀 이유섭, 배태욱
경영지원팀 정은진
외부스태프 디자인 ALL design group
펴낸곳 싸이프레스
주소 서울시 마포구 양화로7길 4-13(서교동, 392-31) 302호
전화 02-335-0385/0399
팩스 02-335-0397
이메일 cypressbook1@naver.com
홈페이지 www.cypressbook.co.kr
블로그 blog.naver.com/cypressbook
페이스북 www.facebook.com/cypressbook
인스타그램 @cypress_book
출판등록 2009년 11월 3일 제2010-000105호

ISBN 978-89-97125-68-5 13630

· 책값은 뒤표지에 있습니다.
· 파본은 구입하신 곳에서 교환해 드립니다.

이 도서의 국립중앙도서관 출판시도서목록(CIP)은 e-CIP홈페이지(http://www.nl.go.kr/cip.php)와 국가자료공동목록시스템(http://www.nl.go.kr/kolisnet)에서 이용하실 수 있습니다. (CIP 제어번호:2014035247)